元创业

业务变现的终极指南

〔美〕迈克尔·J.麦克福尔　著　　张亚莉　译

Grind: A No-Bullshit Approach to
Take Your Business From Concept to Cash Flow

浙江人民出版社

图书在版编目（CIP）数据

元创业：业务变现的终极指南 / (美) 迈克尔·J.
麦克福尔著；张亚莉译. —杭州：浙江人民出版社，
2022.7

ISBN 978-7-213-10455-8

Ⅰ. ①元… Ⅱ. ①迈… ②张… Ⅲ. ①创业—指南

Ⅳ. ①F241.4-62

中国版本图书馆CIP数据核字（2022）第025317号

浙 江 省 版 权 局
著 作 权 合 同 登 记 章
图字：11-2019-392 号

元创业：业务变现的终极指南

［美］迈克尔·J.麦克福尔 著 张亚莉 译

出版发行：浙江人民出版社（杭州市体育场路 347 号 邮编：310006）
　　　　　市场部电话：（0571）85061682　85176516

责任编辑：尚　婧

特约编辑：涂继文

营销编辑：陈雯怡　赵　娜　陈芊如

责任校对：杨　帆

责任印务：刘彭年

封面设计：有点态度设计工作室

电脑制版：北京之江文化传媒有限公司

印　　刷：杭州丰源印刷有限公司

开　　本：710 毫米 × 1000 毫米　1/16　　印　　张：12.5

字　　数：110 千字　　　　　　　　　　插　　页：1

版　　次：2022 年 7 月第 1 版　　　　　印　　次：2022 年 7 月第 1 次印刷

书　　号：ISBN 978-7-213-10455-8

定　　价：58.00 元

谨以此书献给

比格比咖啡

是你们教会我经营和创业

好 评

如果你想知道创业是怎么一回事，那就读读这本书。即使你对创业不感兴趣，这本书里的洞见也会为你的人生提供有价值的建议。

——塔莎·欧里希博士
《纽约时报》畅销书《可变现的领导力与洞察力》的作者

这本书是每个创业公司的必读书目。每个企业家都需要学习如何去芜存菁，分辨出好的建议并将其推销出去。迈克尔很巧妙地将这些道理放在真实的日常生活中来讲述，有些例子甚至是我

的亲身经历。《元创业》将成为我班级学生的必读书目。

——迈克尔·威廉姆斯

威斯康星大学麦迪逊分校　企业家活动总监兼商业和创业讲习班主任

这本书里蕴含了企业家成功的秘诀：每一天都全力以赴。迈克尔·麦克福尔在《元创业》中展现的独特能量与乐观精神无人能及。无论是对于企业家还是创业者而言，这本书都令人心潮澎湃，精神振奋。

——莉莉·斯托特兰，韦斯科石油公司总裁

《元创业》这本书里流淌着企业家的智慧。读这本书就像一位朋友在和你促膝谈心，并和你分享企业成功的关键因素——这是每个有抱负的企业家都梦寐以求的对话。

——李·斯堪达拉里斯，量子数码集团首席执行官

我喜欢书中简单明了的信息，也没有必要复杂化。读这本书，坚持其中的基本原则，发展自己的创业公司吧。

——杰夫·德格拉夫博士，密歇根大学罗斯商学院临床教授

如果更多企业家参考这本书，对我来说将是一个利好消息，这样就有更多成熟的公司可以供我投资了。

——迈克尔·索南，英勇股权合伙人

读这本书，就像是喝着一杯苏格兰威士忌和作者聊天。

——特雷弗·乔治，蓝轮媒体创始人兼首席执行官

这本书真是书如其人。无论是书还是作者，都具备毫无保留的自我奉献、专心致志与一往无前的乐观精神——而这些都是创业者赖以取得成功的品质。

——大卫·海德，艾睿铂咨询公司常务董事总经理

这本书让我重温商业中最重要的因素。所有管理企业的人都应该花时间读读这本书。

——罗伯·沃克，统计分析软件全球公司首席执行官

这本书深入企业家的灵魂深处。

——肖恩·泽克曼，Zee Zees 食品集团总裁

我和迈克尔共事二十多年了，这本书真实反映了这段经历以及作者本人的品质。无论是读这本书还是与迈克尔共事，对我而言都是愉快的事。

——史蒂夫·莫里斯，派拉蒙烘焙公司总裁兼首席运营官

专注与能量——这是我在读这本书时候的感受。

——约翰·詹姆斯，复兴全球物流总裁

这本书完全是迈克尔的写照——富有洞察力，幽默又风趣。读这本书就像每次和迈克尔的谈话一样，让我意犹未尽。

——艾德·哈登，美国国会国家银行行长

这本书的书写节奏完全符合一个企业家的风格——快速，有趣，直接。

——山姆·贝兹诺斯，贝滋塔克公司首席执行官

序言一

首先，我想谈谈自己和本书作者迈克尔·J.麦克福尔（Michael J. Mcfall）长达13年的工作关系。我们初次相遇时，我正在为弗雷德·德卢卡（Fred DeLuca），也就是赛百味（Subway）快餐连锁公司的联合创始人工作。那时，我刚刚创建了特许经营品牌有限责任公司的概念。弗雷德和他的合伙人以此为契机，投资了我们的概念，用于开发赛百味快餐连锁经营的结构和机制。

我开始为公司工作的时候还是法学院的一名学生，在暑期为赛百味的新店选址、协商租赁等事宜奔走。当时赛百味大概有700家连锁店。后面这些年来，我在公司的职权范围扩大到连

锁经营发展的各个方面，自己也成为弗雷德领导团队的一员。我们创造了让公司引以为傲的"连锁经营发展机器"，通过这个机制，我们每年都能在全世界100多个国家和地区新开1500家连锁店。当赛百味在全球发展到拥有约27000家店铺的时候，弗雷德和我在公司的战略规划会议上决定，应该让股东有更多元的投资机会。同时，鉴于"连锁经营发展机器"运行顺利，也应该让我接受一些新的挑战。虽然在建立赛百味连锁经营模式的这20年对我来说是激动人心、千金不换的经历，我还是接受了挑战，成立了这个收购与投资的组织——就是后来人们所知的"特许经营品牌"。

在特许经营品牌成立初期，弗雷德就对咖啡品牌表现出投资兴趣。在对赛百味连锁经营所有者们不同的投资偏好进行多次调查后，我们发现咖啡这个概念总是名列前茅。之后，我的团队开始重点研究并搜寻咖啡项目。一名组员发现了迈克尔·麦克福尔与他的合作者鲍勃·菲什（Bob Fish）联合创立的咖啡公司。这家公司位于密歇根州东兰辛地区，从规模和范围来说，他们是我们认为为数不多的、值得投资的咖啡企业之一。发现这家公司的组员向我汇报了公司的详尽信息，还说："你一定得见见这家公司的经营人，生意看

来做得很不错。"于是我给他们打了电话，从此书写了我与迈克尔·麦克福尔及鲍勃·菲什长达13年（并且还在继续）的精彩故事（如果说商业里也有童话的话，我想这就是童话里的情节），同时我也加入他们的团队，成为比格比咖啡（BIGGBY COFFEE）的市场开发总监。这13年来发生了很多事，我们曾前后三次严肃地商讨这项收购交易，每次都几近成交，并在2015年达成初步协议，由"特许经营品牌"购入比格比咖啡50%的股权。但在最后一刻，因为弗雷德罹患白血病，必须全身心投入与病魔的抗争，这项交易不得不无限推迟。很不幸，弗雷德在几个月后因病去世，他是一个机敏、令我崇拜的人，能抓住机遇并理解他人，这是他最令我折服的两种品质。他很喜欢迈克尔和鲍勃，还有他们的公司比格比。那些年里，弗雷德总是不时询问关于他们的消息，我就会去问迈克尔，然后我们就会一直聊各种话题。

时间来到2018年的一天，迈克尔和我在轻松地谈论一些事情——我们喜欢这样的交流。我提到几年前弗雷德在参观咖啡馆后提出的一些建议，咖啡馆的概念也因此得到提升。迈克尔说弗雷德每次来访都让他受益良多，每次与弗雷德交谈的时

候他都会收获很多灵感。我说弗雷德就是喜欢你们这一点。迈克尔茫然地看着我，我用力拍了拍他的头："嘿，兄弟，你们一字不差地采纳了弗雷德的建议，并且你们真的非常认真。"他还是一副茫然的样子，我继续说道："你们知道弗雷德考察过多少家店铺吗？他培训过很多创业者，日复一日地提出建议。人们只会听一听，但你们是实实在在地在落实他的建议。他还经常提到你们从来没有被咖啡馆所有人或经营者起诉过，他很喜欢这一点，因为这证明你们是好人。"迈克尔笑着说："什么？这些人是疯了吗？还有人会不听从弗雷德·德卢卡的建议？"

没有几个人会认识到弗雷德的建议多么有价值，并且如此严格地去执行。迈克尔和鲍勃直至今日都对弗雷德的指导怀有尊敬与感激之情。

以我的浅见，最好的老师同时也是最棒的学生——他们总是在读书、研究、倾听并努力加深自己的理解。我和迈克尔的关系非常好，他对学习和提高业务的专注一直让我印象深刻。虽然他比较年轻，但是丰富的经验让他可以称得上是身经百战。这本书读来有趣，也对读者大有裨益。书中都是迈克尔在建设公司的过程中积累的非常实用的事例与经验。我当时接受比格比咖啡的这份新工作，不仅因为我相信这家公司，更因为我相信迈克尔和鲍勃。他们坚定不移，充满激情，专注于学习、提高与成长。同时，和弗雷德一样，他们都致力于创造机会让他人成长，我非常欣赏这一点！

读完《元创业》后，我对迈克尔说，每个连锁经营创业者都应该读读这本书。如果你读完这本书后还想继续做下去，那么我们希望你能加入我们的系统。这本书不止于此，如果你想创业，我恳请你读读这本书，也许更应该读两遍。它会让你体会创业公司的感觉，迫使你思考创业中需要面对的艰难问题，同时也会如一个非常关心你、爱护你、在意你成败得失的人一样，为你提供好的建议。

在项目初期，迈克尔对我说，他希望能和每个创业者坐下来，用半个小时到一个小时的时间聊聊他的创业经验。一个新的企业是辉煌的经历，但也能是一场噩梦，最后的结果很大程度上取决于你进入这段新事业时所抱有的期待。这本书从实际角度讲解（比如，"将你的预期收入减半，看看底线在哪里，如果你还想继续，那么就去做吧"），帮助你从情感角度出发（比如，"你的态度是你成功的关键。一旦你走上消极的道路，那它将是不可逆转的"），设定合理的预

期。人们很少谈及思维状态与生活态度，但是这些都是非常关键的。花几个小时读读这本书，你会在这两个方面都有所收获。我很喜欢这本书，而且相信你也会喜欢。

在你们读这本书之前，我再讲最后一个故事。前几天当我和迈克尔站在大厅里的时候，他有点局促不安地问我，能不能给他的书写序言——他说感觉自己像一个高中生在邀请一个自幼熟识的女生去参加舞会。这本书中浸透了他的心血和汗水，序言作者就像作者的另一个自我，必须对书中的内容了如指掌。他原本想让他的合作伙伴鲍勃来写，但后来他们觉得双方太过亲近，就好像作者的妈妈写序言，会让读者感觉不真诚。所以，我很荣幸，同时也心怀谦卑地为本书作序。我又感慨道："多希望弗雷德还活着啊！他肯定会很乐意写这篇序。"迈克尔以他特有的方式呆呆地看着我说："对我来说，弗雷德还活着。"我们都潜然泪下，然后又马上回到自己的工作中继续钻研。

我很荣幸可以向您介绍这本书，希望您能享受它并从中受益。请阅读和学习并利用这本书的知识和其他关于创业的书，从所有的书中汲取养分，然后就去开创你的事业吧！美国梦是真的，每天都有人在创业并成功。30多年来，我与许多非常成功的人士亲密合作，帮助他们实现自己的美国梦。这些经历都非常精彩，同时也让我从内心深处觉得，你也可以做到。我保证。

丽莎·奥克（Lisa Oak）

于康涅狄格州，伍德布里奇

序言二

　　我读过很多关于企业家精神的书。这些书要么就是透过玫瑰色镜片讲述一些规模上亿美元的成熟企业的故事，内容完全脱离创业初期实际；要么就是太过学术，不能反映创业过程的残酷与艰辛。我完全不是一个学术的人（可以说离学术要多远有多远），也没有上亿美元身家；《快公司》《财富》《企业家》杂志里没有对我的报道；我没有MBA学位，不熟悉科技，更不喜欢正迅速侵占我们世界的社交媒体；我从不游戏人生，也不是冷血无情之人；我花时间陪孩子成长，而不只是醉心工作；我没有健美的身材，但生活得很舒适，也会为孩子的教育与自己退休后的生活而烦恼；我曾多次为失败而哭泣，也曾庆

祝过美好的成功。我没有办法对所有问题都给出答案，而且在每天的生活中，我愈发认识到自己的知识贫乏。

但同时，我又是在精品咖啡领域成功的"零售特许经营品牌"的首席执行官。开第一家店的时候，我从一个领着最低薪水的咖啡师做起，然后与我的合伙人一起发展生意。在过去的23年中，我协助过几百人开咖啡馆，并帮助他们获得了成功。今天，比格比咖啡拥有250家店铺，公司的规模也在迅速扩大。我本人已不再需要在艰难的创业阶段挣扎，但每一天，我都在陪伴我的连锁经营商——也就是我的顾客们一起经历着这一阶段。我写这本书的初衷，就是想分享自己在这一过程中所学到的经验。

在个人生活方面，我经历过很多大起大落。但现在，我有一个美丽、活泼、聪慧的另一半，每一天都为我带来惊喜。我有三个孩子，他们最能考验我的耐心。我的两个兄弟是我最好的朋友，父母又是知我最深的人。我有最棒的生意合伙人，他坚定、个性十足、充满激情，而且非常真实。除此之外，我还有很多相伴一生的好友。我觉得自己是我所认识的人之中最幸运的那个，在生意上也颇受命运的眷顾。这本书中，我们将着重探讨特定领域的专注与投入，这就是我

将与你分享的内容。

生活是由一系列的时刻组成的，这些时刻构成了今天的我们，对每个人来说都是一样的。现实是难以捉摸的、虚幻的。每个人都从自己的环境中感知世界和他们在其中与他人的互动，而每一个环境又都是非常动态、多变和主观的。理解客观现实的唯一方法就是与他人进行真实可信的对话。这本书就是我与你关于创业的真实对话。

我希望能够和每一个创业者喝着咖啡促膝长谈，向他们诉说我的肺腑之言，分享我在协助他人创业的20多年中学到的经验，用我的领悟助他们一臂之力。要问我最重要的建议是什么，我认为让创业公司走向持续稳定的关键因素是聚集现金流。每当经营者偏离这一焦点，现金流就会狠狠惩罚他们，迫使他们回到正轨。如果你无法将精力聚焦于此，就无法产生持续的现金流，继而会导致创业失败。但如果你能遵循本书中列举的几项原则，将大大增加企业的可持续性，并且创造财富。

我的建议是出于爱的，虽然有时会显得严厉，但也是忠言逆耳。我宁愿展示现实的残酷，让你做好应战的准备，而不是粉饰太平最终导致失败。创业成功可以很大程度上让你过上自己喜欢的生活，但首先，我们需要让你的企业产生正向的现金流。那么现在就让我们开始吧！

——迈克尔·J.麦克福尔

于密歇根州，安娜堡，2018年

目 录

CONTENTS

第一章　尽职调查

欢迎来到创业者的世界——这是一个独一无二的俱乐部，在世界观、年龄、宗教信仰、种族、身高、性别方面都没有准入的限制。唯一重要的条件，就是以适当利润在市场上卖出大量商品。这听起来很简单，但大多数人没有意识到，成功最大的障碍其实是自己。

长久以来，你一直痴迷于寻找新的商业创意，或是市场新的痛点。有想法是好的，但是说实话，有些也不太现实。比如在高中校园里开一家T恤店，受一次欧洲旅行的启发在大学校园里开一家土耳其烤肉店，简化将婴儿座椅放进车内的流程，开发实时监控市内巴士进程的应用软件，诸如此类。

现在你的创业雄心已经累积到一定程度，如果再不行动你就会疯掉，或是悔恨终生。不要再艳羡有7家赛百味连锁店的老板，抑或是有钱又有闲的邻居——每天都在打理花园，陪伴孩子。现在你终于可以下定决心，不再只是在餐巾纸上或者信封背面涂涂写写；不再只有慷慨激昂的假设性对话，而第二天又回到单调的日常。就是现在，调动你体内的每个细胞来相信自己，相信自己的想法。现在就是行动的时刻！来吧！

新创业者是这个地球上最乐观的一群人，这也是我喜欢和他们共事的原因。这种乐观主义有着更深刻的进步意义：在不可避免或者意料之外的困境面前，特别是在创业初期的阶段，积极到令人讨厌的态度是必备的生存技能。但是我们要战胜的困境又是什么呢？

每个人在一定程度上都具备着企业家的素质，但是全美只有16%的人拥有自己的生意，这是为什么呢？首先，尝试创业，需要一个人疯狂得恰到好处以完全相信自己。另外，创业公司的失败率极其的高。根据肯尼斯·布兰查德（Kenneth Blanchard）、唐·哈森（Don Hutson）和伊森·威利斯（Ethan Willis）所著《一分钟企业家》中的数据（来源于劳

工统计局数据更新），美国每年有将近100万人创业，但不幸的是至少20%会在一年之内失败；64.3%不会超过10年。更令人咋舌的是，其中仅有0.04%年销售额达到1亿美元，在大约55万家雇佣得有员工的初创企业中，只有125~250家公司达到这一水平。可见创业的成功率极低。

正如我的朋友格林博士喜欢说的那句话那样："创业不是请客吃饭。"你接受它，你了解统计数据，你知道风险，即使面对所有反对者，你也准备好迈出这一步。

接下来是什么呢？想象一下我邀请你来我家后院的餐桌旁坐下。你被热情迷住了，你接受我的邀请，到密歇根州安娜堡来享用午餐。烤肉正在烤架上烤着，狗狗到处跑着追虫子，吃着便便。我美丽的妻子坚持要带你参观我们的房子，然后才端上她拿手的黄瓜沙拉作为前菜。

你的思绪喷涌而出，迫不及待要切入正题。我伸手拿来一面镜子，问你是否准备好开始职业生涯中最重要的一场谈话，是否准备好启动这个流程，而它将影响你创业的成败。你肯定地说："当然。"那我们就开始这项尽职调查——对你本人的尽职调查。说着，我把镜子举到你面前。

因为你自己是创业的首要组成部分，是决定事业成败的最

关键因素。你的思维方式、激情、态度以及投入程度对企业有着高于其他因素十倍的影响力。你本人以及你的自我认知与态度，是企业的主要指标。

我观察过别人花数百小时做尽职调查，其中研究的问题包括：

- 资本结构：什么样的杠杆水平才是合适的？
- 房地产数据：什么是合适的选址，为什么这么选？
- SWOT分析，洞悉竞争格局。
- 使用备考数据进行财务分析，以提供复杂的现金流比率。
- 市场指标显示市场的规模，0.01%的捕获率就等于成功。
- 复杂的人口统计信息，用以解释消费者的购买力并预测市场规模。
- 通过对"千禧一代"行为的深入分析，了解消费者行为趋势：如何最有力地抓住特定市场中的这一强大力量？
- 团队成员的性格分析：他们将如何为团队做出贡献？

· 退出策略、评估方法、回收条款以及上述都不起作用时的限额表。

当然所有这些数据都值得考虑，这种尽职调查也很重要。但是，我看到的所有列表中都缺少最关键的一点：你！

我能听到学术界对我这一说法的不屑。但是我要告诉你，即使是对市场最完美的解读也不能保证成功。在审查意外成本、市场力量和竞争力之前，你必须对自己有一个全面且清醒的认知。连锁经营业务用了一个控制变量的模型验证这一点。比如组织架构良好的麦当劳公司，就为其所有的连锁经营加盟者提供相同的系统与产品。有些人良好地运用了这些工具，并且取得了很大的成功。而另一些人虽然使用着同样的工具却失败了。二者的差距在哪里？我想答案是显而易见的，但是令人不安的是，很少人愿意承认这一事实。过去的25年间，全美各地涌现过成百上千家概念咖啡馆，其中又有多少销售额达到了1亿美元呢？不超过10家。差距又在哪里？说句自大的话，其中的区别就在于其他人与我和我的合伙人之间存在本质的差距。

我们在一线工作了20多年，我们都曾成百上千次地擦过地板，清理过卫生间；成百上千次地被紧急电话挤占社交生活；

成百上千次地和与几近癫狂的客人打交道。更重要的是，我们都知道，一定有人坚定地在我们身后支持着，这是上天赐予的礼物，必须被尊重。我们都知道，我们所拥有的一切可能瞬间化为乌有，直到今天我们还是这么想。这就是我们的创业经历，我们的使命；这就是我们的存在和作为。除此之外别无其他。

我们都拥有战争留下的伤疤，猛然从椅子上站起来也会有点站不稳。我们的指甲盖下有干掉的血痕。我合伙人右脚的鞋带散开了，但是他不会花时间蹲下来系上。但是直至20多年后的今日，我们的眼里都闪烁着光芒，不灭的热情成就了现在的我们。无论你问我们俩中的任何一个人，我们都会回答，这一切不过是刚刚开始。

生活中最伟大的事情常常也是最艰难的。创业可能带来丰厚的回报，但是过程也可能充满艰辛，让我们来看看你是否准备好了迎接挑战。完成对自己的尽职调查，需要你注意几个关键特质——你需要对自己的这些特质有意识，并且将它带入创业的日常之中。如果你没有这些积极的意识，或者它们不是你的强项，那么就努力吧，每天都强化它们。摆脱消极的东西也是如此，这需要时间和专注，而且这很关键。

　　本书第一章就是专门帮助你对自己进行尽职调查的。花时间去思考自身是至关重要的，因为你的所思所想，将决定你的创业计划是胎死腹中，还是会产生第一笔可观的现金流。虽然这看起来都显而易见，但是我一次次地看到创业者不能打破自己面对的僵局，最后往往以失败告终。原因是，他们在对自己做尽职调查时没有思考以下关键步骤：

- 提高自我意识。

- 和"树后的妖怪"做朋友。

- 对结果要有耐心，在行动上要进取！

- 保持谦虚、好奇心和求知欲。

- 带着巨大的正能量，保持一份持久的热情。

- 对即将开展的事业充满自信，做好奉献一生的准备。

- 挖掘专注的奥秘。

- 要控制住自己的欲望。

- 时刻审视自己的自尊。

- 确定终极目标。

- 最"难"的事也是最"简单"的事。

提高自我意识

如果说创业中最重要的一项因素是你，那么最重要的一项品质就是自我意识。

乍一看，两者似乎没有太大区别，但这是我最有力的观点之一。或者我们可以直接换一种说法：创业中最重要的因素其实不是你，而是你的自我意识。

人无完人。我们没有一个人能具备一个完美创业者的所有优良品质，随便发起一项新业务就可以盈利。有时候，你可能激情澎湃地打着推销电话，或者和遇到的陌生人聊你最棒的新产品；有时候，你又心生倦意，只想永远待在办公室中，永远不用接电话。

我们都是凡人，都有起起落落的时候。每天，我们都会面对自己擅长与不擅长的各个方面。生活就是这样，但关键是我们要明白这一原理，用策略来经营生意，努力了解什么才能抵消和平衡自身不足的地方。

对自己诚实和自省非常重要。这句话听起来有些烂俗，但

是你真的需要看看镜中的自己。你的优点是什么？你可以怎样运用自己的优点？你的缺点（短板）又是什么？你又怎样去弥补呢？

要让我建议你从哪些特质开始评估，我认为有很多，但是，有些特质——我称之为基础——是最重要的。那就是怪癖，是大多数人在开始创业时不会注意的。但对我来说，它们如金子般珍贵。这些特质其他人不会去考虑，但恰恰是问题的关键所在。

和"树后的妖怪"做朋友

在创业的过程中，每一天你都会被迎头一击，这是肯定的。唯一不确定的是这一击来自哪里，我喜欢称它为"树后的妖怪"。当你走在创业这条路上，最重要的就是管好自己的事。因为你不知道什么时候"树后的妖怪"就会跳出来迎面给你一击。它不会每天在特定的时候出现，也不总是以特定的角度攻击你，但新的一击一定在等着你。

意识到"妖怪"的存在对我们是有益的，但是如果它会影

响到你，让你疑神疑鬼，在每件事上都畏首畏尾，那就有问题了。

自立自强并不容易，而创业是最艰难的事情之一。从来没有人和我说过："创业比我想象的容易多了。"但如果你被这些困难吓得裹足不前，丢失了自信、力量与乐观主义精神，继而影响到你面对世界的方式，那么你成功的概率就会大幅降低。

接下来我分享一个最令我胆寒的关于"妖怪"的故事。因为这件事情给了我"致命一击"，它就是银行。

时间回到2003年，我和我的合伙人创业的第八年，当时我们刚刚收购了一间拥有6家分店的咖啡馆，并把它改造成比格比咖啡。经营一年以来，咖啡馆生意一般，但在渐渐好转。为了这次收购，我们向银行借了很大一笔钱，我们从来没有迟还过贷款，也定期给银行人员发送财务报表。一天，我忽然接到银行工作人员的电话，他要带着自己的上司来我办公室一趟。银行工作人员忽然打来电话，还要带他上司一起来？事情似乎不妙，红色警报在我脑中响起——"妖怪"要来了。

那天，我的办公室来了两位银行家，指出我们的业务不在贷款协议的某个约定之内，所以他们打算把我们列入违约名

单。现在我要告诉你一个小秘密，我当时完全不知道违约意味着什么。无知也是一种幸福，但要是当时我知道前方等着我的将会是什么，我就会聪明地选择放弃。关键是，任何成功的创业者都会经历这样的事情。他们会说："要是当时我知道自己要面对的是什么，我肯定不会继续坚持下去。"就我的经验而言，成功的人是从来不会放弃的。不要以为我在鼓吹无知，我只是想说，在有些情况下，你的天真会让你在困境中安全着陆。没有人有足够的经验可以避免困难发生，但能成功的人从不言弃，不成功便成仁。不要忘了，雷·克罗克（Ray Kroc）在创立麦当劳的时候已经50多岁了。

两位银行家将两杯咖啡放在桌上后，开始向我们解释道，在随机筛选了一批账号后，他们审查了我们的文件，很简单，我们业务的现金流不再适用于偿还债务。两位银行家礼貌地提醒，我们曾签署过一份协议，承诺会将债务和现金流的比例控制在一定范围内，而现在比例显然超出了，所以我们就算违约了。

当时我对于银行家的威力简直是一无所知。但是，接下来我就明白违约的含义和感觉是什么了。

银行派来一个"清算专员"，此人的职责就是清算公司资

产，尽可能多地把钱收回来。说白了就是要"耍混蛋"，而且就我的经验来说，他们在这方面是尽职尽责的，和看场子的保镖还有狱警算是一路人。

清算专员把我们的贷款利率从7%提高到11.5%，这是我们月供的两倍。他们榨出公司业务带来的每一分钱，连我们的个人银行账户都被搜刮干净。他们建立了一个独立账户，掌控公司的每一笔收入。总之，他们毫不担心我们的生意会破产，因为我们连一分多余的钱都拿不出。对，他们没考虑过公司的存亡，而是把能榨取出的每一分钱都用来向他们还债。

与此同时，我们还要管理其他的店铺和雇员，还要支持加盟经营商。每周从周三到周日，我们都要开两个小时的车，去管理公司在托莱多的业务，以试图安抚银行，不要收回我们所有的财产。这一周的其他时间我都在公司本部的办公室工作，帮助管理并扩展其他业务，压力大得让我无法喘息。

我还是不得不与潜在的买家见面，带上销售的帽子，维护公司。对朋友假笑很难，但是对陌生人就容易得多。我不止笑了，而且是大笑。在客户面前，我还是比格比咖啡的啦啦队长，尽管我知道这一切随时可能灰飞烟灭，但如果我不能破解"妖怪"暴风骤雨般的攻击，那么一切就结束了，我生命中这8

年的奋斗就要被冲入下水道。

在我的公司即将崩溃的时候，如果我有丝毫的退缩，如果在员工大会上或在与潜在加盟商的谈话中，我没能传递出一贯的能量与热情，他们肯定能感知到。这样不用多久，"妖怪"就会向我发起致命一击了。

在最黑暗的日子里，你能对工作投入多少正能量与热情？当"妖怪"在你的胯下来一脚，用膝盖压着你的鼻子，夹住你的头，还给你一个脑瓜崩儿，你还会是那个充满激情的啦啦队长吗？你怎么回答别人对于业务现况的疑问呢？"妖怪"是很强大的，它打败了很多人。你准备好戳它眼睛，踢它腹股沟，然后在它面前大笑了吗？你最好能做到，因为无论如何它都不会放过你，我保证。

对结果要有耐心，在行动上要进取！

如果说我在创业中学到了什么，那就是没有什么事情像我希望的那样快。对于任何初创的企业而言，耐心都是成功必不可少的关键。事情进展神速是非常罕见的情况，如果你的企业

有幸发展迅速，那么你绝对是中了大奖，如果真是这样，你可以尽情嘲笑我写这本书的初衷，而我将真诚地祝贺你做得很好。但是我们中的大多数人必须有耐心。耐心不意味着任由时间流逝，拒绝接受所有的不测，耐心是坚持自己的努力方式，知道总有一天会成功——每天做对的事，知道总有一天会有结果。

多年以来，我看过数不清的创业者开始急躁，想抄近道，因为现有的方法不能很快见到成效。最后，捷径影响了业绩，之前建立的良好势头也开始减慢直至最终消失。我见过最悲哀的事情是一个经营者失去了耐心，开始偷工减料，而此时他离成功只有几步之遥，只差一点时间、几个客人，生意就能正常运转了。然而，当他开始偷工减料的那一刻，一切就都晚了。

急躁会导致失望。如果你感到失望，就丧失了创业中最重要的基础，那就是热情。一旦踏上失望这条不归路，你就很难回头。除非天赋异禀，否则人只要踏进这个泥沼，就很难扭转局势。

对创业抱有不切实际的期待是急躁的根源，这是我创业过程中努力避免的事情。如果你以为在第九个月就能高枕无忧地

端着鸡尾酒管理业务，生意瓜熟蒂落，财源滚滚，那你肯定会大失所望。因为你的急躁，那么那份幸运和随之而来的财富，绝不会降临在你身上。你将面临漫长的奋斗历程，那么你还会保持耐心吗？会继续培育业务，每天一丝不苟地执行吗？会留出足够的时间让业务成熟并产生收入吗？

通常，缺乏资金会导致急躁，当业务没有足够的销售额，现金流是负数，你立刻就会决定减少一些开销，保住资金以便他日再战。这很合乎逻辑，甚至是当下每个创业者的本能反应。问题是，这不起作用。一旦你走上这条路，就开始进入一个不停偷工减料以保住企业的过程。只要形成这种心态，企业离灭亡也就不远了。你必须保持耐心，研究出如何在计划按部就班时得到正向的现金流。这说起来容易，做起来却很难。

在这里，一些例子对你会有帮助。缩减预算时，所有预算中最先被想到的是广告。广告营销活动的功效很难证明，因而这一大笔钱很容易被砍掉。但如果企业不投入资金去推广业务，却指望收入能增长，那又只能是痴人说梦。其中的问题很明显。其次是人工，开始只是从各处省上几个小时，但三个月后，你的队伍就会只剩下最基本的"骨干"人员了。最开始你希望提供人工服务，但因为雇人接电话太贵，你就转而使用

自动化系统。开始你在晚班时只安排一个咖啡师，因为晚上客流较少，这也说得通。但渐渐的，有时下午也只有一个咖啡师了。过于节省人工的结果就是客户体验变差，我见过一个极端的例子，是一个每天限量售卖五瓶鲜奶油的经营者，鲜奶油用完就用完了，完全不管之后的顾客。这样的例子还有很多。

关键的决策只有一条——得到更多的资金，保持最高水平的经营，并保持耐心。否则，你就关门大吉然后舔舐伤口吧。拿到更多的资金很困难，甚至是不可能完成的，但创业的事实就是如此——突破重围，或带着遗失的希望与梦想隐遁而去。

保持谦虚、好奇心和求知欲

你有没有听过这样一句谚语：在有史以来最难吃的一碗泔水里，贪婪和无知是主要原料。

傲慢就是无知，相信自己有答案的人注定要失败。如果你以前从未开过公司，你应该认为自己对此一无所知。傲慢自大是妨碍你学习新知识的绊脚石，到时候你不仅"颗粒无收"，

随之而来的还有"灭顶之灾"。

我曾见过或读过的最伟大的企业家，那些能把创业企业发展成大公司的，都是很自信的人。他们相信自己有能力去学习，去适应。他们最大的资产是意识到自己对于新公司有无数的新知识需要学习，知道关于成功他们还有很多未知。他们致力于学习，让自己和企业一同成长。

作为一家连锁经营公司的所有者，我亲眼目睹了这种动态。创业的门槛非常高，需要资本的注入，所以创业者很多是在其他领域或者其他生意上已经取得成功的人，带着过往成功产生的自信，信心十足，准备大干一番，这番自信心自然符合逻辑。但是要干什么呢？如果你打算加盟一个生意，你准备好要学习并且一丝不苟地执行加盟的规范了吗？首先，你必须明白自己对于建立一家成功的咖啡馆知之甚少。其次，你必须积极学习这套系统的一切，并且每天落实到细节上。如果你能做到，我可以预言你的生意不会太差。当你进入我们的加盟系统时，心里只想着自己对这个生意很了解，对自己管理与发展业务的能力充满自信，认为这些流程和系统都是枯燥的负担，那么我预言你的生意一定会很艰难。而经营一家咖啡馆能有多难呢？

　　我的建议是，新加盟商有机会进入我们世界时，要把它运营的头两年当作是你回到学校去攻读一个零售咖啡业务的硕士学位。因为投资加盟的前两年很大一部分是教育内容。两年之后，我保证，你就会理解我们推荐并倡议的这套系统的意义，我也准备好坐下来听取你的反馈意见，并且以此来完善我们的系统。接下来，你也准备好在已经掌握的基础上继续发展业务。开张的那天并不是你生意的起点，真正的起点是进入这个行业的730天之后。

　　如果你是白手起家，而不是加盟经营，那么这个过程会更长，我想至少会长上一倍。在我们的加盟生意里，这个过程大概是五到七年。我们自己都还没有弄清楚一个模型，也没有明白业务中能持续产生强大现金流的细微差异，所以有如此多的东西需要学习、需要组织，这是一个漫长、缓慢、艰难的过程。

　　现在回顾一下：你是否准备好了花几年时间来学习，以便在最初的阶段过后，开始增加你的资产价值？你是否足够谦虚，承认自己对这个行业并不了解，还有很多东西需要学习？如果你能这么想，那么你就有了成功经营创业公司的正确心态。但是如果你对于继续学习不屑一顾，而只是想着我两年内

就要拿回原始的投资，那么你就要小心，傲慢会成为你成功路上的绊脚石。

同时，我想你也需要考虑，你对于自己创业的期待是否过高了。

当然，这种小小的智慧箴言并非新鲜事。早在古希腊，苏格拉底就写过："我知道自己很聪明，因为我知道自己一无所知。"很多杂志文章、演讲、给人建议的书都写过这个主题，几乎已经是老生常谈了。

说到老生常谈，如果你习惯在冰箱门、卧室的镜子或者办公桌上贴上一些励志的格言，那么请加上这一句："人需要足够自信，才能承认自己并非全知全能。"谦卑是你创业中关键的成功因素。如果你承认自己对于这门生意知之甚少，并能投入地学习每一个细微的差别，那么你的开局可以说不错，成功的概率也会大大提高。

举例来说：我们曾与一位绅士合作，他来自世代经商的显赫家族，他的兄弟在管理生意，我们的人员想证明他有能力建立成功的业务。在我们最初的一次会议中，他就说要致力于五年内成为比格比咖啡最大的经营加盟商。他有雄厚的资本，也有烧不完的热情。要是今天的我，会感到其中危机四伏，但在

当时，我很高兴能有这样一个人加入我们。他选择了高知名度的市场，而且在我们知情前，就签了一个租赁协议，奋力向前冲。他没有遵循我们的模式，签的租赁协议的金额是我们最高限度的两倍。他还在一开始就高薪雇佣了一位职业经理人，把钱全花在了我们不建议投资的地方。

一直以来我们都试图让他削减这些支出，因为这些事情不是我们系统中的一部分。但我们的建议没有奏效，他的第一家店隆重开张了，销量很少。在品牌知名度不高的新市场中，这并不稀奇。

我们建议他放低姿态，不要雇佣高薪的经理人，得自己系上围裙去店里上班。他需要自己摸索如何在店里售出大量的咖啡。如果他不能真正明白怎样售出一杯咖啡，他不会有未来。这就是学习曲线。他无视了我们的意见，签了一份比第一份更贵的租赁协议。他的想法是，在市场上获得更多的品牌知名度，以帮助第一家店铺。在第一家店开业仅仅几个月后，他就把店全权交给经理打理，而这个经理同样很傲慢，同时意料之中的是，对我们的建议也大多选择无视，然后这位绅士就去管理自己同样隆重开幕的第二家店铺了。就这样过了6个月，他终于意识到应该做出改变，于是解雇了这位经理人，开始自己经

营两家店。一年后他以血亏的价格将两家店转手，并且对我们充满怨气，好像一切都是我们的错。

他的家族在零售行业中的成功令他产生了毫无根据的傲慢，他自以为了解生意，了解零售，还想向我们展示如何做事。

带着巨大的正能量，保持一份持久的热情

你个人的能量与热情是创业所需的动力，你就是企业的主要能量来源。经营生意需要你全部的精力，大多数时间会让你筋疲力尽，每天必须起床为生意注入经营所需的动力，日复一日，年复一年，直到现金流为正数。

你最好的朋友会将你形容成一个最有活力和热情的人吗？如果不是，我认为这将是你面临的一个很大的阻碍。你的企业将是你个人的写照。如果你缺乏能量和热情，你的企业也会如此。

那么，由此引出的一个显而易见的问题是，内向的人可以成功创业吗？当然可以，但是你必须足够了解自己，明白内向

的性格会如何影响自己。我的合伙人就是典型的内向性格，就是在派对上只会靠着墙，默默希望人家来和他搭话的那种人。他不是天生外向合群的人，但是他知道生意中什么时候需要他戴上面具，什么时候要穿上英雄的斗篷去演出。我把这等同于演戏，上台演出的人必须是外向的人吗？不是的。在生意中你只需要弄清楚什么时候需要你外向，以及怎样做到这点就好。

现如今的社会，你可以听到各种生意不好的原因后，放下自负，继续充满激情与干劲，将势不可挡的正能量和热情带入企业经营，坚信你所做的努力并相信一切会水到渠成？简单来说，你是否能藐视所有负面因素和怀疑，努力假装直至最终成功？

什么？不是吧，假装？是的，没有更合适的说法了。商业中，人们会避开失败者和负面因素。你需要获得他人的信任，需要让人们愿意加入你的事业。你每天会受到各种隐秘的攻击，无人知晓。你必须成为指路的灯塔、北极星，让每个人去跟随你。即使经历了糟糕的一天，你也必须拿出正能量，而这个能量你只能在自己身上寻找。即使心里觉得凄惨，没有这份能量，也要装出来，让别人相信你有。

走进大多数创业公司，如果你问他们经营状况如何，通常

的答复会是"进展好像有点慢"或者"还可以吧，公司还活着"。这种情况下，顾客离开时就会觉得经营不好，并且质疑公司是否能成功。首先，人们喜欢和成功者而非失败者在一起。如果你不能从始至终表现出对业务的热情，你将会有麻烦。其次，也是最重要的，周围的人会从你身上汲取能量，而他们是你和顾客沟通的首要手段。如果你相信，他们就会相信；如果你有负面情绪，他们就会有。如果你要求他们保持积极的态度和活力，但自己做不到，这是不合理的。你的能量和热情对于企业来说至关重要。

举例来说：我的合伙人就是这种心态的一个绝佳案例。在我们第一家店刚开业的时候，营业额几乎为零。人们会把车停在空荡荡的停车场，然后走进店内——这里就像一个鬼城，客人感觉不是很好。我的搭档会让蒸汽棒在意式咖啡机上完全倾斜，同时他会按下萃取按钮并用力擦拭柜台。当顾客走到柜台前，他会大呼："哈，刚才好忙。您需要什么吗？"他会在顾客意识到我们生意冷清之前讲出这些话。然后人人都会问他："生意怎么样啊？"他就回答说："比我们想象的好多了。非常惊人！"这两句话不能算是谎话，因为我们有破产的预期，生意确实也是惊人——惊人的差。但是这种情况下，顾客离开

的时候就会觉得，生意确实不错，这家咖啡馆会成功的，然后就会不由自主地想着再次光顾。

对即将开展的事业充满自信，做好奉献一生的准备

你能够一往无前，直到让企业等到现金流变为正向吗？你愿意承担所有错误，而把成绩归功于他人吗？你愿意时刻保持最好的姿态，无论是否有人关注，都时刻做好准备吗？如果不能，那就不要创业。

在创业时，如果你不准时到场，没人会管你。即使你不好好准备会议，世界还是照常运转，甚至没有人会注意。你要承担的唯一责任就是企业的业绩。

如果生意不好，很简单，就是你的写照。如果你不时刻做好准备，你周围的人就会有所感觉，而且你的消极会反映在他们身上。

说到这里，我就要聊聊节假日和病假了。休假日益稀少，我要说的事应该很清楚。在创业公司里，没有节假日，也许只有每年8月去北方过一个周末，或是偶尔回去见见家人。很抱

歉，家族传统可能要暂时放在一边。在你的现金流正向并稳定之前，你不能去度假。如果你只是打算全力以赴地干上六个月到一年，然后雇一个人，依靠自己的经验和拥有MBA学位的经理来管理，那么你就要为失败做好准备。创业的很长一段时间内，你都必须起到表率作用，做团队里最有干劲的成员。在创业公司中，这样的表率是不能雇人来做的，20多年来我从没看到过这样都能成功的案例。

行胜于言是创业公司成功的不二法门。你的顾客、经销商、雇员甚至合伙人，必须看到你的投入。这就意味着你必须每天到场，全副武装投入战斗，掌控一切，奋勇前进。只有你，能奠定企业的基调。

如果你不能对创业有这种程度的投入，还是把钱放在口袋里吧。和我公司打交道的每个人都知道，我和我的合伙人会想尽一切办法，抓住一切机遇让公司繁荣成长。

我很幸运地曾和一位年轻的高尔夫新锐球手打球。他非常有才华，并且幸运地得到了有史以来最伟大运动员之一迈克尔·乔丹（Michael Jordan）的指导。他告诉我，乔丹曾对他说："你永远不会对结果感到惊喜。如果你只是希望表现出最佳水平，那么你是无法做到的。"你必须知道自己将表现出最

佳水平，唯一的方法就是全心全意投入训练和准备。努力将给你带来自信的底气，惊喜是不存在的，你的努力程度将会与你的信心高度相关，而信心是你成功的重要因素。你愿意为你的创业公司加倍努力，胜过生活中其他的一切吗？你下定决心要在接下来的7～10年做公司最投入最可靠的那个人吗？如果你不愿意，还是待在家里，不要创业。

至于当你生病时，你又能给谁打电话呢？就算给合伙人打电话，他们也不能顶替你，何况他们自己也有一堆事要做。所以打针吃药，喝点维生素C，锻炼身体吧。如果你和我一样易受外伤，随身带点纱布也可以的。

说到"纱布"，还真有个故事可以告诉你：那是某个周一的早晨，我带着下巴上一个巨大的伤口在打理第二家店。我喜欢打冰球，前一天晚上，我参加了男子冰球联赛，被一个冰球杆打在了脸上。我没有去看急诊，因为当时已经是后半夜，如果去看急诊估计要在那里待到天亮，但是我知道早上5点一刻我就必须到店里。所以我就用一捆纱布和几条蝴蝶绷带简单包扎了一下就上床睡觉了。我自己觉得没事，但是第二天早上第一个看到我的顾客就说："哥们儿，你必须去医院处理一下。"我的临时外用敷料没有固定住，血顺着我的脖子滴下来了。你

可以想象一下这是像丹·艾克罗伊德（Dan Aykroyd）在《周六夜现场》（*Saturday Night Live*）节目中模仿大厨茱莉亚·查尔德（Julia Child）处理鸡肉时，假装切到手指然后血流如注的场景，我就上演了这一幕的咖啡师版本。

我意识到这样上岗不卫生，也会让顾客不快，但如果我昨晚去急诊室等着缝针，今天早上就没人开门营业了。作为一家刚刚起步的新店，我们不能错过周一早上的收益，每一分钱对我们来说都很重要。

挖掘专注的奥秘

当我有机会在一群学生面前发言时，他们想知道我们是如何让比格比咖啡成长到今天的规模的，我们成功的秘诀是什么。我总是用一个词回答——专注。我们20年来只专注做一件事，那就是卖咖啡。我们卖出的咖啡已经成为消费者日常生活的一部分。我们没有汤、沙拉、三明治，也没有啤酒和葡萄酒，更没有精美的意大利冰激凌。这些都会分散我们的精力，妨碍我们卖出更多的咖啡，我们只把卖咖啡这件事做到了极

致，就是这样。

有时候，我和我的合伙人也面临要丰富菜单的压力，但是我们拒绝了。我们可以加上全套的午餐菜单吗？或者加上冰激凌，抑或是在咖啡销售低迷的晚间在菜单上加入啤酒和葡萄酒？当然可以，而且我们也确实这样考虑过。但每当这个时候，我们就不得不思考这样一个问题："我们是谁？"我们是有happy hour①的咖啡馆吗？如果加入了食品，我们是不是就变成小酒馆了？

创业者往往会失去焦点，特别是在创业初期缺乏现金流的时候。他们总是在寻找答案，而答案就在你创业的初心中。聚焦你的核心业务与产品，将它们做到极致完美，如果市场反馈还是不佳，就放弃这项业务，改日再战。在创业公司中把业务复杂化会成为缠绕你的一张网，妨碍你将精力聚焦于重要的事——多多地卖出你的核心产品。如果你所做的事不是指向这个目的，那么就不要去做。

如果生意不佳，请不要尝试通过扩大业务范围或者增加复杂性来解决问题，而应该从另一个方向着手，精简业务范围并

---

① 降价供应时间，多用于酒吧。——译者注

聚焦于擅长的事。

举例来说：我有一个要好的朋友，他投资了他一个好友的比萨餐厅。他的这位好友在镇上管理过一家经营历史悠久的比萨店。于是我的朋友给了他10万美元让他去开一家自己的餐厅，然后又加码5万美元，之后又投资了10万美元。

在他给我打电话的时候，我的这位朋友已经向这个濒临破产的比萨店投入了35万美元。随后，我的朋友想到了一个解决方法并兴奋地给我打电话——他想在比萨店里开一家比格比咖啡馆。他甚至等不及告诉我这笔交易，他自己就已经都想好了。

我向他泼了一盆冷水。沉默很久之后我说道："这个主意糟糕透了。你是个聪明人，我们都知道。你把问题过于复杂化了。"

他投资的这个人甚至都没弄明白怎么卖比萨，还想再加一间咖啡馆？开咖啡馆只会分散精力，而不会帮助他们销售更多的比萨，只会让比萨店的经营进一步恶化。

这样是行不通的。在创业阶段，将公司业务复杂化并不能挽救一个公司。不要加入更多的东西——这只会加速创业公司的毁灭，也更容易让自己筋疲力竭。用所有的精力去思考如何

在明天多卖出一块比萨吧。如果你做不到，那就只能关门大吉，舔舐自己的伤口，然后另谋高就。

要控制住自己的欲望

完美主义是把双刃剑。在创业初期，完美主义会让你的生意达到巅峰，但也可能妨碍你主要目标的实现，而两者的差别只在一线之间。这条线就是弄清楚如何卖出产品，打开现金流的龙头。

我常常看到一些人还没开始就在考虑如何把事情做到完美。我发现这是一个更大问题的征兆——他们不喜欢销售（更多相关内容请见第二章）。你需要厘清细节，让事情处于掌控中，以销售并交付产品。释放自己才能花更多时间钻研如何产生收入。

项目一旦开启，就不会停下。你明白的，我并不是说跳过尽职调查和计划，但如果你想让一切都完全按照你的设想进行，你就会陷入愚蠢的细节中，错过很多销售产品的机会。你会为公司咖啡计划协议书上的一些条款，或是办公室家具颜色

不对，抑或是logo（标志）上的第二种颜色的蓝太浅又没晕开等等的事感到焦虑不安。所有这些都会把你的注意力从最重要的事情上引开。我也看到很多人都或多或少会这么做。通常，这些都是人们在创业前所从事的领域。比如你之前是一个视觉设计师，那么logo问题对你来说就兹事体大。如果你之前是一位计算机程序员，你就会对科技相关的事务痴迷。

"完美"是"优秀"的敌人！在生意的各个方面，你只需要做到足够优秀。唯一的例外就是与顾客的互动，这一点必须完美。

以租赁为例，任何在这个街区待过一段时间的精明生意人都能告诉你租赁中需要注意的30个事项。但如果你听从他们的话，就很难完成租赁的事宜，商业机会也会流失。对于创业企业，房东也会更加谨慎，他们需要更多的保障。一段时间之后，你其实只需要满足30个事项中的28个。现在，你只要把事情做成。不要纠结于租赁合同中的每个条款，只要弄清最紧要的事项即可（比如价格，租期和保障金），然后就去做其他事吧。花一个下午的时间和900美元把握大方向，不要花3周时间和5000美元处理你律师提出的每一个小细节。要警惕对于责任后果的过度担心，我看过太多人陷于细节之中，在每个条款上

谨小慎微，而这些宝贵的时间本可以用于发展自己的积极面。

当你聚焦于积极面，即收益时，你就把注意力放在了你的顾客上，而你的企业也会因此成长。当你痴迷于掩盖消极面时，你行为的动机其实是恐惧，而恐惧是进步巨大的阻碍。

每天战战兢兢、杞人忧天是致命的。创业中有些风险无可避免，而且这些风险有时会让你暴露在危险中。你必须想通并能说出"够了。现在我要关注我的顾客，开始让生意产生收益"，然后顺其自然。如果你做不到这一点，仍纠结于细节问题，我认为这不是好兆头。

关键是要开始获得收益。最好的例证，就是那个糟糕的俄亥俄银行恐怖"妖怪"。如果当时我知道什么是贷款中的约定，或者违约意味着什么，我不会签署那个贷款协议，也不会有资金进行第一次收购，而这次收购让我们生意的可靠性上升了一个水平。我们在另一个州买了6家店，这一举措促使我们在自己所在的州签了二三十个加盟经营商，也让企业上了一个台阶。如果当时我陷入对银行债务协议合法性的考虑，我成长的速度将会更像一只乌龟，而非一只野兔。

律师们，请松一口气，一切会没事的。带着这样的思维，我们能赚到足够的钱来支付律师费，以摆脱我们终将面对的困

境。（请允许我加一段旁白：我爱律师。任何拿律师开玩笑或者对律师开价不满的，都是没有和好的律师严肃合作过的。我曾多次遇到过严峻的情况，律师们用结果告诉我，他们物有所值。）

但律师不是生意人，比如医生，他们很聪明，就认为自己也很会做生意。这是不对的，生意中最难做的事之一，就是知道何时要否决，何时又该听取律师的建议。

时刻审视自己的自尊

在和老朋友聚会时，你能只把自己当作一个谦卑的店主吗？或是像我一样的咖啡师？如果你需要他人觉得你很重要，创业对你而言会很艰难。

在业务中，我见过很多人，他们经营一家咖啡馆已经捉襟见肘了，但是这些新的经营者总是说："我不可能只拥有一家咖啡馆，我要开四五家。"不出意外，这些人永远不会潜心钻研怎样成为一位好的咖啡师，一个好的单店经营者。但连一个好的单店经营者都不能做到，成功经营5家店就更是天方夜谭。

真正的骄傲不是通过捷径获得的。

你必须亲手实践，而且这个漫长的过程不会很风光。你在和朋友聚会时可能没有很多酷炫的故事可讲；在另一半的工作聚会中，也会担心别人问起"你是做什么的"。

在做咖啡师之前，我也是曾游历全世界的成功人士，在高端私立学校获得了学位，1993年刚大学毕业就赚到了10万美元。我心中有宏图大业，咖啡不过是早上的一杯饮料而已，我只是在上硕士课程前卖几杯咖啡赚点小钱。

当我最终成为企业合伙人，并且晋升为我们唯一一家咖啡馆的总经理助理时，我也只是得到了一个亲切的握手，我还是要每天系着围裙，打扫卫生，数着零钱。只有企业成功，我才能施展抱负。而要想企业成功，首先这家店得成功运作起来。道理就是就么简单。

在我决定退学，专心投入咖啡生意不久后，一位大学旧友来到咖啡馆。刚毕业几年的他已经在会计软件生意中功成名就，仅名下的股票期权就值200万美元。

而我呢，每年在咖啡馆里挣着18000美元，谈论的也是如何让我们的小小咖啡馆变得更好。当时的我真的确信自己20年后能和他平起平坐，拥有同样的成就吗？是的，当然可以。当时

的我很高兴，对于把这个小店经营好十分兴奋。这对我来说很重要，我也不会羞于和这位朋友分享。我知道未来的成功将基于自己是否有能力成功经营这一家店。我没有谈论数十家甚至上百家店，只是骄傲地说着我这一家店。

如果你还没有准备好接受这种对话，在这种对话中，你就要谦虚，让人们知道你的一切都岌岌可危——不仅是钱，还有你的自尊和自我价值——不然你将会失败。

我不能理解那些真实处境危急却不全力以赴的人。如果他们承认自己已经全力以赴但结果还是不行，那么他们就等于承认了自己没有能力，是一个失败者，这对于自尊的打击太大了。把你的自我放在口袋里，或者用棉布把它包起来，放在抽屉里，然后，你就可以全力以赴了。

过于担心他人想法带来的另一个陷阱和完美主义一样：你会逃避销售。这里可以用一个从不轻言放弃的伟大销售员作为例子。如果你在意别人怎么说，那当他们说"不"时你的热情就会被浇灭。你是否可以每天听到几百次"不"，第二天醒来还是充满热情？"不"只意味着你做得还不够好，没有充分介绍产品。如果你介绍充分，别人应该已经买了。"不"并不代表什么，不要在意，站起来继续前进就好。

以我的经历，我曾见过很多企业所有者，他们看起来似乎对销售额并不在意。也许有一天你确实不需要去在意，但是在创业初期，不管是乞求、流血，你都要尽力促成每笔交易。每次销售过程就如同穿着西装与鳄鱼搏斗，一旦搞定，马上站起来，拉直衣服，系紧领带，用口水把缠斗中被弄乱的头发抹平，然后好像什么事都没有发生过一样继续前进。创业前期我听到更多的是说我们生意不行，只有十分之一是赞扬的话。但是我保持微笑继续成长。"燕雀安知鸿鹄之志哉。"

在创业初期，几乎没有人会对你说生意真棒，你也不要指望从别人那里提升自信。你听到更多的会是一堆对生意"建设性"的反馈和批评。每个人都有自己的观点。从亲友到律师还有会计，每个人都预计你会失败。这不是他们的错，因为当所有人都这么想，他们还能有什么别的预期呢？

屏蔽这些声音，如果你纠结于别人的想法和意见就完了，这就是为什么创业是一件孤独的事。你必须坚持自己的信念与自信，孤军奋战，穿越所有的负面评价与质疑，咬紧牙关默默对自己说："不要管他们，他们不懂。"别人是不会知晓，也不会理解的。他们不是你，又怎能感受其中的冷暖呢？不要听他们的话，这些都不重要。

大多数人不愿意面对新业务的艰难。尽管你不承认，之前的成功通常是在封闭的环境中取得的，随时有优秀的导师指导以及公司的系统支持。但在创业中，一切只能靠自己，事事都要亲力亲为。没有随时可以呼叫的法务部门、行政部门和人力部门来替你善后。创业是艰难的、孤独的，而对自尊常常是很大的挑战。你要负责一切，而且一旦有问题就都是你的错。

举例来说：我们有一家加盟店的所有者是一家人。这家店生意不好，这家里的父亲打电话约我吃午饭。我们坐下来谈话的前20分钟，他一直在和我说自己加盟比格比咖啡之前的生活。他曾在世界知名大公司担任总经理，分管的部门资产达1亿美元。他滔滔不绝地说自己有多成功、有多重要……接着他叹了一口气说，要知道以前他可是有着两个，而不是一个行政助理。

当我们终于谈到生意上的事，他直接把失败都怪到我头上，他觉得一切都不可能是他的错。怎么可能是他的错？他是一个成功的商人，对商业了如指掌，知道如何管人。但是他忽略了一点，那就是之前他不需要负责创造营业额。他任职的公司的营业额就像钟表的发条一样自己会运转，他所在的部门所售出的东西只是附属于整个大集团，只要他做得不是太糟，营

业额就会自动流入。管理这样的生意就好像是玩跳棋，你只需要按部就班地做，结果都不会太差。

在创业中，最艰难的部分就是创造收入！但是因为在他的意识里，自己已经是一个成功的商人，他不会承认自己不懂运营，不知道如何创造收入。他的自尊妨碍他承认自己并非全知全能，也不懂得寻求帮助。每当我们交谈的时候，他总是一直说自己是一个了不起的商人，不愿意承认也许我们比他更了解怎么去卖咖啡，而这些经验对他有帮助。

自尊是很强大的，它妨碍你学习，妨碍你寻求帮助，而好的创业者总是能够跳出对自己的禁锢，勇于承认自己有很多地方需要学习。

确定终极目标

我主张的最后一项尽职调查也是最重要的，那就是对你未来的尽职调查。你需要明确地告诉我你未来5年、10年、20年的样子，不是随便说说，要说得具体明确。大多数人往往会忽略这一步，觉得对于这些软性的事项没有必要投入精力。你能

想象MBA课程里专门开了一门构想未来的课程吗？这是你创业规划中最重要的一步。以我的经验来说，非常成功的创业者都有一套他们赖以维系的构想机制。这个构想过程可能需要几年时间才能成形，MBA课程确实应该有专门的构想课。这是我的秘密武器，就像魔术一样。如果你想了解更多我们的构想过程（这将是我下一本书的主题），请联系我们获取资源。

为什么构想很重要呢？如果你不知道自己走向何方，不知道终点线上等待你的将是什么，就很难坚持下去，因为这个比赛太激烈太艰难，会有很多个糟糕的时刻等着你。当你已经耗尽所需的能量与热情，当你厌倦了做聚会中那个一文不名的人，当你不敢相信自己对自己所做的一切时，防止自己裹足不前、给自己加油鼓劲最好的方法，也是唯一的方法，就是明确地定义前方的奖励，让你可以看到它，闻到它，触摸到它。目标会战胜坏的情绪，坏的时刻，甚至一段低潮的时光。这些都可能发生，但是只要你有目标，你对压力以及恐怖"妖怪"袭击的耐受力就会变强。

首先，把目标写下来，不管目标有多大胆。实际上，目标越离奇越不现实越好。哈哈，我现在的目标还是买入底特律红翼冰球队，是我20年前写下的。当我周六早上咒骂4点半响起的

闹钟时，当我没钱和好友们去度假时，当那些倒霉的顾客尿到马桶外面的时候，我总是会想起，自己所做的一切在终点会得到什么奖励——坐着红翼队的专机，和队员们一同奔赴客场的比赛。

如果我的脑海中没有红翼队，那么我最终会忘了自己美其名曰作为咖啡师，每周工作60个小时是为了什么。心中这个最高目标就是我的灯塔。

你觉得像红翼队这样的目标太过虚幻，不能给你带来实质的动力。是这样吗？我喜爱冰球，也喜欢红翼队，它们是我40多年来一直钟爱的事物。你钟爱的又是什么呢？你喜欢钓鱼？喜欢在法国享用法式大餐？赛车？环游世界？找到夺去你母亲生命的疾病的治愈方法？或是60岁的时候舒服地退休颐养天年？很好，把你的目标逐字逐句地写下来，用邮件发给我，然后不要修改，每天早上醒来时对自己朗读一遍。

亨利·福特（Henry Ford）曾有一句名言："障碍就是当你把视线从目标上移开时所看到的可怕东西。"如果你没有目标，你就会被境遇左右，而非心存对于完美未来的想象与感觉。

我所提倡的过程比目标设定更伟大、更有力。目标设定

是你必须完成的工作的一部分，但更多的是规划企业的未来。我指的过程是愿景。它是关于设想你在未来想要的东西，并花时间与现在的那种情感联系起来。成就伟大的人不会偶然发现伟大的事情，他们是有目的的，并且做一些有远见的工作，以确保他们今天的行为与他们的最终信仰保持一致。如果不是想做红翼队的老板，我才不会每天五点就起床。

我另一个大胆的目标是要健康地活到100岁。到今天为止，我已经连续锻炼超过1400天了。我要享受和孩子们，以及和他们的孩子们在一起的时光。为了让人生更完整，为了陪伴他们走得更久，我必须活到100岁。我相信锻炼是长寿的要义，所以我现在的生活方式要为我设想中的未来服务。

目标不一定要像买下红翼队或者活到100岁这么宏大，你所构想的内容也可以是每天的日常。

举例来说：在遇到我妻子的三个月前，我的状态很不好。我感觉糟糕，急切地想要一位伴侣、一栋房子、一个家庭。我的弟弟让我坐下来，把自己平时说教的那套构想付诸行动，他要我详细描述心中的理想妻子。我们列了一个表，表中列出18项特质，然后我每天都遵照这个表去约会，这忽然变得非常简

单。如果我遇到的人不满足列表中的特质，她就不是我应该投入的那个人。

在和我现在妻子的第二次约会中，我意识到她占了表中18项特质的17个半，那一刻我知道我会和她结婚。这听起来很疯狂，如果不是发生在我身上我也不敢相信。这样的例子还有很多，其中的道理就是必须要将目光聚焦在终点，这样你就会释怀途中所遭到的伤害：它们只是前往终点路上的小小障碍。

如果没有梦寐以求的目标，没有人能够成功。你梦寐以求的目标是什么？弄清楚这一点，并时刻提醒自己，把它贴在浴室镜子上的苏格拉底名言旁边，放在钱包里，贴在汽车的后视镜上（哈，这样做有点危险，我说的当然是角落）。

一段时间后你会更加习惯于分享自己的目标，这时候，你的目标才开始拥有真正的力量。然后你开始招募其他人来帮助你实现目标。现在，我的目标依然是红翼队，我并不为自己的雄心感到羞耻，反而很骄傲。我有追求，周围人也喜欢谈论并且支持我的追求，设定目标并开始工作，人们就会问你在做什么，这时你的回答就会非常有力。

谷歌的第一位员工克雷格·西尔弗斯坦（Craig Silverstein）讲述了他大言不惭设定一个高得离奇的目标的故事："我

开玩笑说有一天我们的营业额会达到100万美元，谢尔盖（Sergey）[1]说：'什么100万美元，是10亿美元。'"

当你雄心勃勃地制定了目标后，是时候把这个目标划分为不同的阶段和步骤了。不是说我今天早上起来工作的时候会想，自己今天努力就能把红翼队收入囊中，这显得我有点异想天开，但这并非完全不切实际。你必须把大目标编成循序渐进的各个步骤，必须明白今天和明天的努力如何成就企业的终极目标，就像胖子不是一天吃起来的，罗马也不是一天建成的。

现阶段，我下一步发展目标是成为五大湖区域首屈一指的精品咖啡零售商。要成为全国领先，首先要成为区域领先。而如果我们不能成为全国领先的咖啡品牌，我就没有机会买入红翼队。要成为全国连锁的零售商，不是只靠意念，而要靠百万个小目标和沿途的一个个里程碑。你必须定下一个个小目标并且完成它们，然后定下一个终极目标。有一天你醒来会发现"天哪，我有可能实现我的终极目标"。这时你才会感到自己有无穷的力量。

———————

① 谷歌的联合创始人之一。——译者注

　　说到目标，不能不举一个运动方面的例子。我们加盟商中有一位名叫基普·米勒（Kip Miller）的运动员，他曾获得过冰球的霍比·贝克奖，相当于美式橄榄球界的海斯曼奖。从7岁开始，他就想打职业比赛（像所有爱运动的小孩一样）。在大学一年级加入密歇根州立大学冰球队的时候，他想的不是参加职业赛并成为全国最好的大学冰球选手，他想的是得到17分。大学二年级时他的目标则变成了20分。在他的脑中，一切都是循序渐进的，他专注于下一个里程碑。最终的目标能水到渠成，完全是因为他不断完成自己设立的小目标。打职业赛这个大目标一直是他心中的灯塔，但他坚持的是到达下一个关卡，为最终的目标时刻准备着。

　　其中有两点需要指出。第一，创业初期的每个决定，要么符合，要么不符合你的最终目标。而如果不符合，我想你知道后果。第二，不用一开始就告诉每个人你疯狂的梦，其实大多数人没必要知道。把这个想法放在心里，让它燃烧成你内心的一把火。时机到来时，你将与全世界分享你的梦，但是刚开始你不要让大家觉得你像个骗子或者疯疯癫癫的傻子。

最"难"的事也是最"简单"的事

你做出的任何与企业的生死密切相关的决定所需要的知识都是商学院学不到的。它其实来自你的父母、小学某一阶段的老师、你的祖父母以及中学时最好的朋友，还有你一路走来经历的所有挣扎。

以我的经验来说，成功的人往往是好人。你看看在事业上取得非凡成就的男士女士们，他们大多体面、诚实、勤奋。他们想做一个好人，驱动力也是来自内在的自觉，而这些都是他们在幼年学到的，在教养中发展出来的品格。

有一个学生曾过来对我说："我从来没见过一个这么成功的人还这么善良，对周围人也很照顾。"这是我听过最好的称赞之一了。这不需要你成为一个天才，也不是可以量化的。只要你保持一个正确的态度，聚焦于你的目标，并日复一日地善待他人。

对我有用的事都是简单的事。我会每天早上整理床铺，努力工作学习，设身处地地思考他人的处境与感受。我不可

能成为最聪明的人，但是我可以决定自己的态度，以及对待他人的方式。照我的经验来说，如果你的热情能感染他人，努力工作，表现可靠，人们就会觉得你是好人，并且愿意帮助你。

这听起来很简单，或者纸上谈兵都很简单。我也同意，但是能够诚实地检讨自己，承认自己的短处，同时有着激光一样的聚焦能力是极为困难的。我的经验是，没有多少人会认真考虑对自己做尽职调查的重要性：要有自知之明，同时知道自己是否具备创业所需的能力。

还是开始那句话，你是创业中的首要元素，要提升自我需要先知道自己的优点与缺点。一旦你弄清楚了这点，便可以扬长避短，组建一个活力高效的团队，带领业务向正向现金流迈进。

第二章　让销售更加疯狂!

这是我要给你的关于创业公司的第一条建议。明早醒来时先想想，怎样卖出更多产品。创业者自然的反应是增加产品组合的复杂性，加入更多产品，调整现有产品线。但你最了解自己的核心产品，所以你要把所有的时间投入寻找新的不同的方法去销售你的核心产品，让销售更加的疯狂。

现金是创业的命脉，在创造营收方面你应该分秒必争。一旦你辞掉工作，拿出攒下的钱，又借了一笔贷款，那么秒表就开始走字了。现在就是一场比赛：发令枪已经打响，你飞快冲刺以争取足够高的收入，在支付完可变成本和固定成本之后还能剩下1美元。这是你的目标和终点线，也是这本书的全部内

容，就这么简单。

这是每个人——我是说每个——低估的部分。获得收入是很难的，这也是为什么大多数生意会失败。在经营中我们不得不为每一美元的收入而打拼，没有哪一美元是很容易就赚到的。

那么，为什么收入是创业公司最重要的一部分呢？因为一旦你开始创业，对大多数人来说，企业营收就是维持企业运营的唯一来源。

你开业了，但现金流却是负数，生意每况愈下，收支呈现赤字。当你用完最后一分钱，除非你有一个很有钱的叔叔，不然很难再找到资金。但是从我的经验来看，有钱的叔叔也不是解决问题的简单办法，因为你不想在家庭聚会时还要躲避这个喝醉了酒问你投资结果如何的叔叔。那么你收入的唯一来源就是销售额。

在本章中我想强调的一点是，创造营收比你想象的要难得多，那么你打算怎么办呢？

少花时间去计划如何实现营收，而要立即行动去创造营收。请注意，在写这本关于创业的书的时候，我完全跳过了所有关规划的内容，因为没有必要花一个月的宝贵时间去把创业

计划做到完美，没必要弄出一个退出策略或者为了最后破产清算而准备的包含不同结构层次债务的股权结构表，这显然很傻。

最近我从一家私募公司的经理那里听说，他们建议创业企业准备一页纸的营销计划大纲。他们不想看你对销售额的预估，也不想看初始投资的细节，他们只想看你如何销售产品并创造收入。只要你能让他们相信自己能把产品变成银行里的现金，即便不知道数额有多少，他们就已经愿意给你投资了。我很喜欢这个做法，这是我听到投资者做的最聪明的事。如果你觉得自己能预测消费者对你新业务的反应，并能由此推算出销售多少产品，那么你太天真了。应该从这一页纸的营销计划开始执行，然后根据顾客反应进行调整，真的就是这么简单。埃里克·里斯（Eric Reis）曾在他的《精益创业》一书中很好地解释了这一理论。

我们在开始将比格比咖啡从最初的两家店铺进一步拓展时，我拜访了大概15个亲朋好友，向他们介绍我们这个投资机会，但只有4个人愿意和我见面，而且他们最后都拒绝投资。说实话，这个反应让我措手不及，甚至让我有点受伤。我原本想，依照他们对我的了解程度，应该会相信我说的话和认同我

的想法，然后愿意投资，何况我要募集的资金也不是很多，总共也就5万美元。但是他们没有投资，没有一个人。

我得到的教训就是，资本以及拥有资本的人都是精明的。大多数拥有资金的人也会有这样的系统帮助他们，确保他们不会给一个24岁小孩荒诞的咖啡帝国梦投资。当我接近他们时，他们一致建议我和"他们的人"聊聊，而这些人通常是职业的基金经理。这些经理很聪明，绝对不可能建议客户——就是我的亲朋好友们——给我投资。

当你成为一家创业公司的创始人，你会很容易就陷入"第二十二条军规"等陷阱中。从家人、朋友或者银行借钱最容易的时候，是你正式创业之前。这时候你只有一个充满希望和潜力的想法，没有负面的现金流或资产负债表。

在创业的"构想阶段"，你还有机会让他们相信你会做得不错。虽然在任何阶段让投资者进行投资都非常困难，但是商业潜力这时候还是一个卖点。一旦你开始创业，一切就会变得更加困难。因为你必须面对真实的数字，而这些数字又是赤字，刚开业6~9个月就有正向现金流的公司少之又少。我喜欢将这些情况称为彩票中奖。这种情况可能发生，已经发生过，而且我当然也希望能发生。但是你不能指望它真的会发生，就

像你不能指望中彩票然后提前退休一样，这和指望创业一年就能拥有正向现金流一样愚蠢。

所以，你开始创业，没有销售额，现金流是负数，资金用尽。你眼前只有两条路：

1. **注入资本**：你可以去乞讨，去借，去"偷"。你可以刷信用卡，或者有好友愿意给你一笔个人存款做慈善。但实话实说，当你为钱而苦恼时，不可能获得新的资金来源。

2. **卖出更多核心产品**：这也常常是唯一的答案。如果你不能找到产生现金流的方法，你就没救了。而要做世界上最伟大的销售人员，你至少得付出百分之八十的精力。

#*&%销售

让我用阿玛尔·拜德（Amar Bhide）在《新企业的起源与演变》一书中给出的一个统计数据来让你大吃一惊。在五百家销售额增长最快的公司中，75%的首席执行官认为自己是初创企业中主要或唯一的销售人员。我认为其中一个原因是这些人中只有10%的人拥有MBA学位。不是说MBA学位不好——如果

你打算管理一家有稳定营收的企业，那么MBA学位是很有用的。但我觉得他们缺乏销售艺术。创业就是创造收入流。我已经看了数百个小时关于创业的视频，这些视频出自很棒的机构，比如斯坦福大学和哈佛大学，但从没有看过关于销售的：早上起来就开始打销售电话的重要性、完成交易的话术的重要性以及销售机制的重要性、发掘潜在客户的重要性，等等。

我看过关于见风投公司时要注意的十个关键事项的演讲，也看过各种各样关于价值链的研究和展示。我了解了很多关于企业文化与治理的知识，但从没有见过一本关于企业家精神的书中会讲到销售中的十个关键事项，或者如何构建销售产品的流程。仿佛只要你把这些事做好，销售额就会自己产生。看完这本书你必须记住一件事：销售额不会自己产生的！你愿意成为那个销售员吗？愿意告诉别人你在公司里的主要职责就是销售吗？我的经验是，大多数拥有MBA学位的人都不屑于说自己是公司的销售代表。他们是经理，是首席执行官。但如果他们首先不是一名出色的销售人员，那就没有什么好管理的。

从一个经营者到另一个经营者，从一个没有MBA学位的

人，白手起家，即使每年的产品销售额超过1亿美元（收入是你创业中最重要的部分）仍然在努力。然而，大多数人却都像躲避瘟疫一样躲避销售。

我见过许多即将上战场的军人，我也遇到过许多即将进入商界的企业家。相对于士兵对战争的恐惧，初出茅庐的企业家似乎更害怕销售。在地球上，对销售的恐惧能大过对子弹和炸弹的恐惧吗？

所以你为什么会害怕销售呢？

人们害怕被拒绝。在销售时，人们必须放下自尊心，因为销售过程中不停有人告诉你你的产品和公司不行，继而就是你不行。

我认为归根结底不外乎人们觉得销售处于商业社会中的最底层，认为销售员就是俗气的小伙子或者轻佻的女孩子，成绩不好没能上商科学校或者学会计，只能利用自己好看的外表和吸引人的性格，根本没有商业头脑。

另一个原因，是人们对于问责的恐惧。因为销售就是一翻两瞪眼，毫无隐瞒的空间。如果你在会计或物流部门工作，只要老板喜欢你，你的职位就很安全。但在销售部门，每个月你都得公布业绩：这个月卖了多少？没有借口可找。高尔夫运动

也是因为同样的原因令人恼火。你上场打球就有分数，而且这个分数完全靠你自己，怨不得别人。销售也和高尔夫运动一样，你会有一个数字。数字很好你就赢了，反之就输了。只有你自己需要为之负责。

进一步说，我认为是人们不想努力工作。好的销售需要非常勤奋，销售工作是重复且无聊的，你必须非常自律。这是很多小数字累积而成的庞大工作量，而最终你当然希望能有一个好结果。你每天打40个销售电话，平均每天约8个销售会议，每12个半会议后才能达成一笔交易。如果你每月需要达成四笔交易，你最好能想办法每月打出160个电话。这并非易事，也很无趣，但这就是让你公司成功的方式。

好的，好的……迈克尔，我明白了。销售很重要，是创业公司里第一重要的事，我相信这点，然后怎么做到呢？

创造营收的思维

营收思维就是完全专注于顾客的思维。如果你日思夜想要创造更多的销售额，那你就会日思夜想你的顾客。如果顾客有

完美的体验，以下三种情况中的一种就会出现：（1）他们下次和你在一起就会花更多的钱；（2）他们会经常回来看你；（3）他们会向家人和朋友推荐你的业务。第三种是创造营收思维中至关重要的部分，让顾客成为你业务的推广者就是快速增长营业额的方法，推广者可以让销售额呈指数上升。

做到这一点的唯一方法就是为他们提供完美的体验，从而让他们爱上你和你的品牌。然后你可以让他们向家人和朋友推广你的服务以及你的产品。每个人在爱上一个品牌的时候都会意识到，当你与一个品牌产生联结时的感觉会很奇妙，你就是这个品牌，这个品牌就是你。我儿子从来不能理解为什么有人会买百事可乐，因为他自己从来就是可口可乐的拥趸。如果看到有人喝百事可乐，他会嘲笑、翻白眼，感觉喝百事可乐简直没有天理。我大学时的一个朋友在自己的雪佛兰车的保险杠上贴有贴纸，画面是《凯文的幻虎世界》里的凯文（Calvin）在福特的标志上尿尿。你必须时刻努力才能让人们成为你品牌的狂热拥护者，他们将推广你、维护你，所以品牌忠诚度的力量真的不容小觑。

你必须愿意让人们积极地参与到你的推广中来。我过去常常喜欢在店里说的一句话是："别忘了我们是一家以营利为目

的的企业，如果你喜欢我们的咖啡，请一定要告诉你的朋友和家人。"美国人喜欢机灵又放肆的人，喜欢为了成功奋力尝试和拼搏的人，喜欢攀登者。

很多人相信广告和宣传是创造营收的方法，但是如果广告带来的新顾客得到的仅仅是一般的体验，那就浪费了广告宣传的费用。一般的体验不会让顾客成为你业务的拥护者，或品牌的推广者。在你完全弄清楚应该给顾客什么样的体验之前，不要在广告宣传上花钱，否则就等同于烧钱。

在你的企业中，创造一种痴迷于销售或痴迷于客户体验的文化的三个关键因素是什么？

奠定基调，照价支付

当顾客、供应商、朋友甚至我自己的母亲在我工作的时候进入我的世界，我永远不会让他们把我从我正在做的事情中拉出来。我在工作，我在忙碌，我在努力实现，我正在销售更多的产品。

当朋友或者我妈妈进来，我会给他们一个大大的拥抱，然

后继续工作。当有一个销售代表要和我开会，我最多站着和他谈六分钟，然后继续工作。这个销售全价买了一杯咖啡，我保证，我妈妈也是照价支付。我会请她喝一杯咖啡，但是我会拿出我的信用卡付全款。这是管理中的关键点，在之后的一本书中我会写到。但是这本书中，让我妈妈付全款是为了让这一个小时的利润最大化。我总是想让每天的每个小时利润最大化，这对我来说是一场比赛。我们总是处于一场比赛中，要打败前一个小时的销售额。

如果有人——你的朋友或者妈妈——因为你让他们付全款而感到被冒犯，那么他们就不是你的朋友和亲人。当他们看见你掏出钱包全额支付自己的商品时，确实也会受到影响。有时候我感觉这么做不自然，就会用合伙人做挡箭牌。我会说："他也不认识你，可能不想请你喝半杯咖啡吧。"然后笑一笑继续。

另一个策略是升级销售。每种生意都有升级销售的策略，就是增加对每个顾客的销售额。在工作中，我会充分部署这些升级销售工具。我的流程是很健全的，最重要的就是以身作则，彰显流程的重要性，每次都必须完整地执行。在我的业务中，升级销售的方式可以简单到问顾客今天早上需不需要一

块蓝莓松饼，是否需要更大杯。无论今天升级销售的机制是什么，请亲自使用它，向人们展示这一机制是如何完成的。如果你不用，他们也不会升级购买。

每分钟都要销售

我对时间的使用也是无情的，我致力于将自己的每分每秒都全情投入到销售中，没有一秒钟应该被浪费。

创业的第一年里，你80%的时间都应该为增加销售额而努力。而如果没有严格的时间表让你时刻朝着目标迈进，达成目标就会很艰难，甚至不可能完成。这项工作往往是无聊的单调工作，是每天的20个销售电话和跟进电话。两天内你打的40个电话中有37个都转到了语音信箱。三个你能打通的电话里，两个拒绝了你，一个说会考虑你的产品。那么你就有了一个考虑你产品的潜在顾客。

在我们的世界里，就是每天6小时站在吧台后面，不打电话，没有打扰，只等待并且专注于下一个走进店内的顾客，给我让他们成为我品牌的狂热者的机会；是坐下给在店里活动

中遇到的人们手写20张卡片。当然你也可以发邮件，但是手写卡片能体现你多么努力，而努力是打开大门的钥匙，就好像给通过1～800个打来电话的人回电，或者在网站上提交反馈信息一样。

这是在比格比咖啡创业初期我的日程表示例：

早晨

5：00比所有人早15分钟到，开灯，煮咖啡。

5：55打开营业的指示牌，开门营业（这是每天早晨的大事，提前5分钟。

6：00制作咖啡，不能被打断，不开会，不接电话。

中午

11：00准备前一天的现金和销售数据表，把钱存到银行。

12：00制作咖啡，与员工对接，保证交接班中各项事宜的完成。

下午

1：00从策略角度和执行角度进行精准营销。

2：45客流量大时随时准备支援。

3：30完成行政任务（订货，计划，雇人等），一旦完成，我就可以回家了。

请注意，我安排自己穿着围裙在现场工作，每天在吧台后工作6小时。我没有打错字，是真的每天6小时。而这个工作我本可以花只比最低薪资高一点的费用雇人来做。我不是每天只坐在办公室里订订货，给员工发发工资，我不是只在一旁和供应商开会。这些事不会让我离正向现金流更近一步，但为客人点单收款却可以。行政工作并不能让业务增长，那么你会采用什么战术来让企业成长呢？

安排好时间以便每天能有6小时在吧台工作，可以得到以下两个基本结果：

第一，这能帮助我与业务建立根本的联系。我能准确看到我的顾客和员工们所看到的。我不仅能够为员工做出表率（稍后我会更多地介绍），而且可以看到——甚至感觉到——顾客的反应以及吸引他们的东西，并能在此后进一步提升。这是非常宝贵的信息，你永远无法通过躲在后面或只是突然出现检查工作时获得。另外，看到新客人来探店，是很令人振奋的，不要剥夺了自己日常享受这种小小满足感的权利，这是强大的动

力，特别是在充满不确定性的创业时期。

第二，这样的计划让我不得不更有效率地快速处理行政工作，比如订货或者给员工付工资，还是承认吧，这些工作也挺无聊的。当我需要在一线面对客户时，就没有办法拖延浪费大把时间。而且，为什么要把大好时光浪费在无趣的事上呢？在两小时内把行政工作快速处理完，然后就赶快回家。我就是特意把这项工作留在每天最后做，因为一旦做完，就可以回家休息了。

这6小时法则如此重要，因此我们要求每个比格比咖啡的运营者在第一年的每一天都要在店内工作6小时。我们甚至还把这条写进了合同里。

如果你对销售如此痴狂地投入，企业里的每个人都能看到，这种投入也会感染整个公司。你要尝试建立一种销售文化，而建立这个文化的人非你莫属。创业后的每一天，时间都在流逝，所以要及时行动。

每个人都要销售

如果你在公司工作并有机会接触顾客，那么你就有机会帮

助业务增长。如果你能把一个人变成你业务的推动者，就有了销售的机会。把顾客也变成你业务的推动者。是的，即使你在会计部门工作，也有销售的机会。你也许会问，一个管理应收款账户的会计怎么会有机会销售呢？

举一个我生活中的例子。我从安娜堡里一家名为日耳曼（Germain）的汽车经销商处买了一辆车，但是和上次买的一辆弄混了，买车的第一天晚上就出了问题。经销商做出了正确的处理，给我换了车，还免费给我升级到高级套餐。这听起来很简单——就是换了车。但是三四周后我得知银行把旧车的车辆识别代码（VIN）和我的贷款捆绑在了一起，而不是新车号码。这听起来可能不是大问题，但是在和银行打交道时，小事也可能很快变成大问题。银行当然要确认VIN是否准确，于是他们就联系了汽车经销商的会计部门。

这就是一个会计部门也进行销售，以及创建公司销售文化的绝佳例证。会计部门的工作人员与我取得了联系，为这一不便向我致歉，并说他们应该让银行更新VIN。他们承诺会处理所有事，有消息将第一时间通知我。他们给我打了几个电话问我问题，然后让我打电话给银行填写一些信息。经销商给了我一个可以直拨的电话号码，还有一个有名有姓的联系人。这对

我来说简便多了，我也很感谢他们认真负责的处理。两周后我收到了会计部门这位女士的电话，问我事情是不是都解决了，还有没有遇到其他问题。她给我的感觉就像一个照顾我的家人或朋友，但其实她是经销商会计部门的工作人员。后来我曾向许多人说过我的汽车经销商有多好，而且接下来如果有购置新车的计划，我肯定会从他们那里购买。这个会计部门的女士把我从一个仅对服务满意的顾客变成了死忠的顾客，同时也成了他们业务的推广者。

业务中每个和顾客互动的人都在销售。甚至没有机会与顾客互动的人，通过支持前者也可以进行销售。他们还可以观察哪些流程不受顾客欢迎。比如会计部门负责收款的人就可以给客户寄一张精美的卡片，感谢他们及时的付款，并称赞他们是出色的合作伙伴。但你又听说过有多少人在这样做呢？

要把创业企业做成功，从第一天起就要创建销售文化。销售不是你可以在之后慢慢学习的事，而是在你开始创业前就要建立的文化。如果不是一开始就强调这一文化，营收将很难快速增长，也等不到正向现金流到来的那一刻了。

每周一个销售点子

开业时，你有全套的广告和推广活动，我指的是主要的手段：数字媒体、电台、电视和户外广告，雇佣一个能尽力扩大活动影响的公关公司，这些都是容易的事。没关系——确定你的营销活动，签署6～12个月的合约，然后就任之运行。这样你就不用在上面再多费心思了。在开业前你把一切安排好，分配好预算，决定要买的东西，然后这个机器就开始自行运转。你广告营销的频率不能超过每季一次，然后怎么办呢？

召集你的团队，拿出便笺纸，告诉他们你想听到所有关于如何产生更多收入的意见和想法。在我们公司里这叫作游击营销：用来吸引更多顾客、产生更多收益的非主要手段。每个季度和团队中所有人开会进行头脑风暴，因为你的员工和你一样每天都处于业务经营之中，他们也能捕捉到增加营收的机会。列出所有的意见，整理这个清单，向整个团队说明并征求他们的意见。根据团队的投票，将这些意见排序，然后接下来的一个季度里每周布置一项任务，分配职责并执行，三个月后再开

会，讨论任务执行的效果，然后继续重复之前的步骤。这个过程有神奇的魔力。为什么？

第一，你能了解到一线员工的想法。他们与顾客互动，了解顾客，能看到并感知顾客体验的不佳之处。如果你想让顾客来你的店里入座，让他们喜欢你的产品和服务，并购买更多，你就必须让员工们加入这一过程。第二，如果这些意见也是所有人的意见，那么员工也会因为自己的参与有意义而更为投入，之后他们也会更好地执行团队的决定。

如果意见是来自"顶层"的发号施令，那么很大可能不会被付诸行动。根据我的经验，员工在执行他们参与制订的计划时更有行动力。每周让所有人都参与到一个销售点子中对于企业的成功而言至关重要，每周有一个新的点子对于业务的成功而言也很关键。为什么这么重要呢？自上而下的销售点子很容易失败，因为如果有效果也是领导的功劳，失败了员工也没有责任。

每月，每周，每天，你和你的整个团队都要积极投入销售。积极的投入很关键，这会让周围的人相信你会成功，除了成功没有其他可能。在创业的初期，我认为你必须每周一次，有意并且有组织地这样做。

周会必须在你的日程表上用黄色高亮标出，你必须一次不落地每周执行，并且制订好计划。这种草根的方法——如果你想，可以称之为游击营销——在创业初期至关重要，不能有任何的懈怠。在周会上报告成绩与不足，交换意见，进行销售分析，每周如此重复，渐渐地你就会看见业绩的提升。但不幸的是，在创业初期，周会——如果有的话——也常常是最先被舍弃的部分，因为人们觉得其不甚紧急，而常常又有各种理由取消周会。但这个会议如果召开，会是你日程中最有效的会议。一定要虔诚地去做，而不是听任自己的兴致，也不是等其他所有事都做完了才开周会，这必须成为你首要的关注点，以及你为之痴狂的事。

削减成本是饮鸩止渴

人们常常会犯什么样的错？追求营收的新加盟者会受到什么影响呢？这十分重要！为什么会有阻碍销售的事？因为有更容易的获利方式：削减成本。

人们在缺乏现金的时候容易做出轻率的决定，而在创业阶

段又很容易缺乏现金，这是司空见惯的事。在这种情况下，人们通常会开始削减成本，这是错误的。我见过很多人在几乎要触及正向现金流时放弃了，他们的焦点从创收转为省钱。一旦走上这条路，你还不如拿出简历，开始找工作吧。削减成本是一次性的事，如果你今天少花了五十美元的成本，你明天也会这样做以达到同样的效果，然后日削月割直到减无可减。

劳动力成本是创业者开始寻求捷径时最先考虑削减的，这通常会导致一些非常短视的决定，而这些决定从来就不能减轻企业的问题。

最近，我正与一群新的运营者讨论劳动力管理的问题。他们在讨论早班时应该安排两人还是三人，很多参与讨论的运营者已经削减至两个人，但是就我来看，他们的服务水平有所下降。

我算了一下，他们每人平均在这项生意中投入了25万美元，雇人每天上6小时班，每年的成本为13000美元到15000美元。他们不想花着额外的每年14000美元提高服务水平来增加销售额吗？这没道理，因为他们将劳动力视为花费和削减成本的方法，而不是扩大收入的工具。削减成本，是本书中最简单的概念之一，但我也见到很多处于困境的人会在此犯错误。

　　另一个容易被削减的是广告和营销预算。你是认真的吗？努力在创业阶段产生正向现金流，却要减少潜在客户看到你的机会？记住我前文的建议，锁定你第一年的广告和推广预算，然后就不要再在上面花心思了。勇敢并保持一致，然后你就会发现广告和推广预算对你是有用的。

　　而且，要小心不要钻细节的牛角尖，销售很困难，创收也很难，以至于人们常常陷入细枝末节却觉得自己做了很多。这是一个心理陷阱，让你感觉自己还在为了业务不断努力，但其实是在躲避创业阶段中最困难，同时也是最关键的部分，那就是产生收益，也就是销售。

　　就拿"浆果（berry）芭菲"的故事作一个例子。在比格比咖啡，我们会在每个酸奶芭菲上放一个半草莓（strawberry），让它好看更好吃。一名经营者在加盟比格比咖啡6个月后打电话跟我说，草莓的价格"很离谱"。草莓价格波动确实很大，我同意。所以她告诉我想把草莓换成蓝莓（blueberry）。我说好，然后算了算成本。很快我就算出把草莓换成蓝莓后，她每周能省1.5～2美元的成本。不开玩笑，这个新的加盟者没有正向的现金流，但她不是去接待新顾客，为他们提供好的体验并把顾客变为自己业务的推广者，而是在算怎么能每周从酸

奶芭菲上省出几美元，何况我们的核心产品还是拿铁和滴滤咖啡，而不是酸奶芭菲。省出这几美元又要花多少精力呢？只要每周能多一个回头客来买杯焦糖拿铁。她本可以赚到更多的钱，但是坐在幕后削减成本对她来说比在吧台前卖咖啡容易得多。

有必要重申一遍：每项成本削减都是有限的。你节省了一美元，但也就是一美元而已，为了保持成本削减的效果，你会继续省。一旦你开始了削减的过程，就很难停下来。而且当你把关注点放在省钱上，就一定不会再关注创收，接下来的决定就会让你一步步偏离正轨。另一方面，得到新的顾客，并让他们成为你生意的推广者有着长期的复合效应，这个新的回头客会年复一年为你带来收益，更重要的是，他们会带更多人来消费。

关注顾客

这种观念上的转变是核心层面的。这是本章的支柱和第四章的基础。当你关注收入时，你也在关注顾客的体验。在尝试创造现金流时，你会自然而然努力让顾客明天再来光顾；当你

沉迷于成本时，你当然就会开始忽略顾客。就是这么简单。

为了让经营者深刻理解这一概念，我给他们一个挑战："如果我今天给你们700美元，你能将一个新顾客转变成我们的老顾客吗？"700美元大概是一个老顾客在我们咖啡馆里一年的消费额。

每个听到这句话的人都会说："当然能做到。"这听起来很简单，但是大多数人没有将这个任务分解为简单的目标，那就是每天增加一个常客。如果做到这一点，那一年就能积累365个常客，这样的顾客基础会让企业成功。但令我震惊的是，大多数生意人不明白这个简单的道理，而是纠结于对业务没有实质影响的细枝末节——比如"浆果芭菲"的案例。

避免陷入行政工作的漩涡

我提到过一个陷阱，就是纠结于无意义的事情而不去销售，却感觉自己正在推动业务的发展，这一点值得更深入地探讨。

有一点我怎么强调都不过分，就是从非必要的行政工作中

抽出身来，包括会议、谈话、闲聊、邮件、表格分析，等等。你是否觉得我说得太过了？你一天只有这么多时间来做事，在这里聊20分钟，去那里聊10分钟，然后很快你就浪费了一天中10%的工作时间，而在这些地方浪费的时间并不会让你产生一笔销售。

让我们来算算：每天如果工作10小时，就是600分钟。你每天花360分钟为顾客做咖啡，120分钟做行政工作，剩下的120分钟用来推广业务。如果你闲聊15分钟，然后这里10分钟，那里5分钟，那就浪费了30分钟，这可是你用来推广业务的1/4的时间。人们就是这样浪费掉用于销售的时间的。一周或者一个月下来，你就知道为什么我这样说了。

当你在工作但没有在销售时，你应该将百分之百的精力用于为顾客提供最佳客户服务体验，以便让顾客成为你业务的推广者。

我能想到的最好一个例子是位于南卡罗来纳州美丽的查尔斯顿，一家名为豪斯的由家族运营的小餐厅。我和妻子去那里过一个长周末，我们盛装打扮，走进人满为患的餐厅。在我们去前台登记前，就有一个穿着西服的人走来和我们说："你们是麦克福尔夫妇吧？"然后又转向我的妻子问，"您是伊丽莎

白（Elizaveta）吧？谢谢大驾光临。你们的桌子已经订好了，同时吧台为你们准备了两个座位。你们可以去那里坐下来放松一下，享用一杯酒，然后等你们准备好了，我再带你们去座位上。这两个位子是我在整个餐厅里最喜欢的座位了。"然后他把自己的兄弟带来介绍给我们。我的妻子俯身过来对我悄声说："他是不是认错人了？"但整个晚上我都看到这个餐厅的老板在和每个人用不同的方式打招呼。

在我们离开时，他过来和我们握手，祝我们旅途玩得开心，还说："我迫不及待想在两位下次来查尔斯顿时见到你们了。"

那次旅行之后，我和妻子已经上百次地回想起这家豪斯小餐厅，还有这里难忘的体验。毫无疑问，下次我们去查尔斯顿时，一定会再去这家餐厅。天啊，我几乎想因为再去享受一下这样的就餐体验而特意去一趟查尔斯顿。

他没有待在后厨检查牛排制作的温度是否正确，也没有去看调酒师是否给客人多倒了酒。他站在一线，保证每位顾客都有一个难忘的体验。在餐厅生意中，如果老板不能把烤牛排和做古典鸡尾酒的任务交给别人，那他就寸步难行。

在创业公司中，你要把只需要执行规定程序的简单任务交

给他人，而且必须这样做。别人也可以把牛排烤到三分熟，可以写每周日程表，或者在系统里下订单，这些是简单的重复性工作。如果你只剩三瓶香草糖浆，而正常的储量是七瓶，那就再买四瓶，这种基本的算数你只要用最低薪资就能雇到人来做。

我见过的很多新创业者认为最重要的事是写每天的日程表，还有数收款机里的钱。这就是自尊心在作怪，他们想拥有一家比格比咖啡，又不想亲自做咖啡。但是在创业阶段，亲自做咖啡是唯一的办法，而且你应该每次都快速地把咖啡做到完美，让别人来做这个小学四年级的数学题，下订单或者写日程表。之前做过工程师或者会计的人尤其喜欢清单。但是在一线与顾客打交道并非可以列清单的事项，却又是作为创业者可以做的最重要的一件事。

从行政工作中抽身，你才能专注于顾客。

陷　阱

有些书是专门讨论创业陷阱的。坦白说，我觉得这对刚刚

创业的人来说有点太负能量了。因此我只在一章里用少量文字探讨关键的陷阱似乎更为恰当。

推卸责任：不可能是我的错，因为我是完美的

你很容易找到借口来解释为什么你的生意不成功，简直是令人瞠目结舌的陈词滥调。所以不要老是重复这些陈词滥调，如果营业额低，这就是你的错，打起精神去收拾烂摊子。我援引的不是其他人而是我母亲的说法。在我成长的过程中，她一直告诉我说："做出决定，然后用尽全力去证明你的决定是正确的。"你决定创业，那么就去卖出足够的产品来把生意做成。

你花任何一点时间为生意不行找借口都是在浪费，而这些精力本可以用来想办法如何卖出更多产品。雅诗兰黛（Estée Lauder）有一句有史以来最伟大的商业名言之一："如果产品卖得不好，这不是产品的错。"以下就是几个不值得你花时间找借口的事例：

"经济不好。"克服它，对每个人来说经济都不好。

"我店的位置不如以前显眼。"那就在店面形象设计上多花心思。

"一个同行来了我店里，然后……"是吗？你想直接承认你失败了吗？

"今年天气太差了。"好吧，你都怪到大自然身上了？

"很难找到好的帮手。"因为好的员工都不想和总是找借口的老板共事吧。

在生活中你总能找到事情不顺的原因，你的工作就是找出答案，创造收入，把事情做成。

我没法数清多少次听人谈起为什么生意不行，我通常会打断这样的谈话，因为我没时间听借口，你也应当没时间找这些借口，因为你有一项新业务要运营，我也是。

这些谈话的话题往往不是关于怎么做成生意。相反，每当你开口抱怨，就好像是拉响了生意陷入麻烦的警报，没有人想和快要破产的人做生意。一旦你陷入生意下行的消极死亡漩涡，几乎没有逃脱的可能。

引用我们最大的客户兼经营者穆罕默德·谢蒂亚（Mohamed

Shetiah）的话说——他在我撰写本文时拥有24家店——"当发生问题时，不要找人来责备，而应该处理问题！"

不全力以赴

这似乎很明显，如果你要创业，当然你会全力以赴，对吧？其实未必，尤其在出现问题时，你甚至会不自觉地就放缓了脚步。当事情进展顺利时，比如业务电话响个不停，或者顾客盈门时，聚精会神很容易，难的是在业务一般时，还能百分之百地投入。

期待是只强大的野兽，大多数我接触的人，在创业前或刚创业时都会有不切实际的期待。我想很大程度上也是这些对业务不切实际的期待才让他们开始创业的。问题是当业务开展缓慢时，他们就会产生失望的情绪。如果你没有很强的决心，这就是结束的信号。

没有人想失败。对某些人来说，失望的滋味会带来冷漠。如果你没有全力以赴，当你失败时至少可以对自己说："如果我再努力一点就行了。"承认自己懒似乎比承认自己努力后还

是失败容易一些。骄傲和自负会阻挡人成功的脚步。我确信有一些心理机制会导致这样的行为，因为这确实对人的行为产生了实质的影响。

有时候全力以赴并没有那么光鲜。我穿着围裙给伙伴们倒咖啡，而他们不过是在阳光明媚的周六上午，去打十八洞高尔夫之前来给我难堪罢了，我还要每天拖地。但当我回首往事，就会明白这些才是我最终能把事做成的原因。现在我的生意变得非常复杂，所以让我们怀念这些简单的事吧，比如站在前台全心全意给每个顾客倒咖啡，保证提前五分钟开门时地面拖得一尘不染。

第二点，同时也是最重要的，就是全力以赴是有魔力的。当你投入百分之百的努力，当你为结果痴狂，愿意尽自己所能，你就解锁并获得了成功的许可。

在我大学三年级时，我曾几次尝试获得参加密歇根业余高尔夫锦标赛的资格，却没能晋级。我对自己承诺会尽力而为，全力以赴。我很幸运和父母在一起住了几个月，直到预选赛。我向家人和朋友宣布自己在做的事，他们很支持，因为他们知道这是我在短期内很想完成的事。

从周一至周五，我在一个高尔夫度假村的销售办公室实

习。我的老板是一个狂热的高尔夫球手，所以她也支持我在高尔夫球场上工作。每个工作日的早上五点，我会从床上爬起来去往儿时经常出没的练习场——邓纳姆山高尔夫球场。整个高中我都在那里工作，与那里的老板和员工成为了好朋友。我告诉他们我正在做的事情，他们也支持我，会在靠近发球台的树旁放上几袋球。早上5：45之后才会有人来上班，而我已经开始练习了。我戴上耳机，花90分钟通过一个特定的路线训练，然后再花60分钟在短赛道上练习。晚上下班后，我会快速热身，然后尽可能多练几个洞。球场的老板让我免费练习，因为他们知道我努力想完成的事。周末也是同样的日程表，不同的是我7点半才上班。我会定一场球，打十八洞，然后回到练习场，工作到下午三四点再回家。

全力以赴对我来说是有魔力的。每个人都知道我的努力，每个人都非常支持我。我如此渴望做成这件事，几乎快尝到成功的味道。预选赛那天我非常紧张，从13岁起我就开始打高尔夫球比赛，但不同的是我此前从未为这件事全力以赴过，没有告诉我亲近之人这个明确的目标，没有如此努力地训练。比赛当天，我爸爸做了我的球童。每次他陪我参加比赛我都会打得很好，近乎诡异，他能让我平静下来而且获得额外的自信。直

到把球打过中线我都神经紧张。鉴于我承受的压力，我的表现还是不错的，打了76分。对许多人来说，这可能听起来不是特别好，但是竞技高尔夫比赛还是和平时打球不同。这和周六下午与朋友喝酒打球完全不一样。

值得注意的是，76分的成绩足够让我进入13人的季后赛。三场复赛之后，我和另一个人争夺一个席位。在标准杆打出平手后，我们多打了九洞，然后在第13个复赛洞时我以标准杆胜出。我获得了资格，我做到了，我全力以赴，给自己足够的信心去打出好球，完成目标。如果你不能做到全力以赴，如果你总想着B计划而不全神贯注投入手上的工作，无论是卖咖啡还是打高尔夫资格赛，都是不会成功的，甚至不会接近成功。

忽略过多的建议

一旦你告诉别人你要开始创业，很多人就会主动给你提一堆意见。这些意见通常是这么开篇的：

"你知道应该怎么做吗？"

"只要确保你不做……"

"有一件你必须确保做到的事，就是……"

请忽略这些意见。你的创业像天气一样成为大家和你闲聊的开场白。人们对于像我们这样倾尽所有孤注一掷的人是很感兴趣的。每个人都会插上两句嘴，但很多时候这种意见都是不值得听的。

除非你有选好的顾问，如果你没有，我可以给你一个我自己屡试不爽的方法。在纸上写下你认可的三到六个人作为顾问，当你遇到问题或者感到焦虑时，就召集这些顾问。不是真的召集，而是在脑海中，想象和你的关键顾问围坐在桌旁，你提出问题然后倾听。他们随时静候你的召集，而且你也知道他们会怎么说。这不是解决所有问题的方法，但是在日常工作生活中会对你很有帮助，只要听他们怎么说。这个顾问的名单会随着时间的流逝而改变，但是他们成为关键顾问是有原因的。这里面都是你熟知的人，这也是为什么这个名单会有用。你知道在大多数情况下他们会怎么说，而你现在只需要倾听。

在创业早期我的一个诀窍就是想象我的妈妈坐在我的左肩，我的生意合伙人坐在我右肩。我会问自己，他们都会同意

我的所作所为吗?在我每天工作结束后躺在床上时,他们会为今天的我骄傲吗?有几次和冰球伙伴一起出去玩,晚上我会心里不安,但是我确定妈妈会理解,而我知道我的合伙人会给我来一个他经典的击掌庆贺。这个方法非常有用,特别是在我年少时容易怠惰的下午,或是喝了太多酒的时候。

请允许我深入聊聊这个很多人感觉有争议或者疯狂的话题。我觉得在发展业务这方面,最差的顾问就是律师和会计师。他们在某些方面很有用,但是在发展业务的很多重要事情上,他们近乎一无所知。他们是好学生,上了名校,非常擅于遵守规则。但是据我所知,成功的企业家却往往是"坏学生",他们尽可能地破坏规则,就好像如果你来我家,我的狗会爬起来扑向你一样。

我必须说明,好的律师和会计师对商业来说至关重要。我珍视和这类人的关系,就像我珍视生意中其他的关系那样。我只是想说律师和会计师在创业阶段中作用不大。创业是一场冲向正向现金流的赛跑,我们必须创造营收,律师和会计师却常常提出需要忧虑的问题,而这会阻碍你的赛程。在创业中,毫无疑问你会犯错,律师和会计师的职责就是为你清理战场,这也是你高薪雇用他们的原因。问题在于律师和会计师是权威的

化身，他们说的话往往被赋予过大的分量。你只需听取他们专业部分的意见，然后忽略其他部分。如果当初我一开始就全盘采纳他们的意见，那我一定会止步不前。我们的会计师曾对我还有我的合伙人说："你们发展太快了，你们的速度超过了你们的节奏。"我们的回答是："我们需要更多现金，慢下来是不会带来更多现金的。"所以我们解雇了他。律师和会计师会让你对事业产生恐惧，而恐惧会杀死你。你不能被吓倒，必须昂首挺胸充满自信地向前冲。

如果你的律师纠结于一些事务，比如一个租赁合同中的某些条款，那他们只是在尽自己的本分，保护你免受财产损失，避免你被追责。但如果你要发展业务，需要很快开起一家店，听从这个建议就会让你增长的势头停滞。律师的工作就是指出这个风险，但是你的工作是评估这个建议并决定是否采纳，创业者就是要冒险。

我不会完全屏蔽专业人士的意见。我想强调的是长远来看他们不是永远正确的。有时候为了让事业更上一层楼，你必须做一些和标准做法背道而驰的事。而专业人员会沉浸于标准的做法中，因为这是他们的职责。如果你需要冒一些险，他们的建议在一定程度上是有帮助的，接下来就是你的事了。

还记得我说的那两个在托莱多，把我们归入违约账户还要破产清算我们的银行家吗？这是我们遇到的最"棒"的事了。在这件事还有很多事上，对潜在风险的不在意反而让我们能更自由地去闯。在经历过那段噩梦般的艰难时期后，我更深刻地理解了银行家的行事方式以及他们拥有的巨大力量。通过观察他们的关注点以及他们认为重要的指标，我也对金融更加了解了。我还学到了没有"银行关系"这回事。在你最困难、最需要人际关系的时候，最后讨论的还是冷冰冰的数字，而且大多数情况下当你遇到困难时，你的人际关系网通常会消失不见。

如果我过于厌恶风险，我就不会去借这笔钱，也不会上了创业生涯中这最重要的一课。从失败中侥幸逃脱以及面对绝境濒临崩溃的心态，可以为你带来无价的教训。你已经听过一百遍这样的话，但我还是想再说一遍，因为道理确实如此。

如果我们采纳了会计师、律师还有银行家所有的建议，我们不会遇到这样的失败。同时，如果我们一直征求律师和会计师的意见，业务的发展也会显著减缓。因为在贷款合约问题上的天真，我们栽了一个大跟头，如果我当时理解这些文件的意思，就不会同意这笔交易。这笔交易推着我们向前大步迈进，

也几乎将我们杀死在创业初期，但我们还是撑过来了。如果我们没有达成这笔交易，我们的公司不会是今天这样。

结 论

本章是整本书的前提。我曾想把这本书命名为《卖出更多产品》。但是"专业人员"告诉我这样不行。人们会被书名的字眼冒犯到，而且会觉得这是一本在谈论销售的书，而非关于创业或者企业家精神的著作。但我保证，卖出更多产品就是解决创业企业种种问题的万能良药，屡试不爽。

当卡尔文·克莱因（Calvin Klein）的商业伙伴巴里·施瓦茨（Barry Schwartz）问他在创业前做了多少计划准备时，卡尔文答道："我们只是卖出尽可能多的外套。"

每个成功的企业在早期就学会了如何销售大量的产品。就是这样，绝对是金玉良言：如果你想知道如何创业成功，就花百分之八十的精力思考明天如何比今天售出更多的东西。我和我的合伙人20年来每天早上醒来想的都是今天如何比昨天多卖出一杯咖啡，现在我们的品牌每天能卖出6万杯咖啡，这对我

们来说却只是开始。这是我们日思夜想的事，如果你不是这样想，那就打包关店，把钱留在理财市场，然后去享受假期吧，因为创业对这样的你而言会很艰难。

第三章 造一辆"会飞的车"!

那是2009年的夏天，经济处于休眠状态，商业处于崩溃边缘，每个人都对着啤酒哀号哭泣。繁荣就像含铅汽油、翻盖手机、打印照片一样时过境迁。听起来是这样：

"人人都蛰居在家，街道都是空的。没有客人我还怎么养活自己？"

"带着全套抵押品和完备的计划去了三家银行，他们用不同的理由全部拒绝了我的申请。"

"人们充满恐惧。我们还有可能回到从前吗？现在太糟了。"

世界处于胎儿般的防卫姿态中。我们的公司虽然已经放慢了脚步，但还是在成长，只是增长率很低。失败主义成为思维定式，似乎我们对于现状已经无能为力。人人被消极情绪笼罩，仿佛对自己的表现没有发言权。一天晚上，我在心灵和灵魂中展示了一场形而上学的烟火表演——如梦如幻般，但是我顿悟了。我开车回家的路上，想着白天和同事的一次谈话。我们正在接受这个新现实——一个所有人都面临的现实——我们在调整自己。我回忆起了自己的这一顿悟：如果我们能造出一辆会飞的车，而且只卖25000美元，我们就可以卖出成百上千万台。无论经济环境如何，这是人们前所未见的东西，会激发人们的想象力，为生活带来巨大的实用性。想象一下自己是周围第一个拥有会飞汽车的人是有多棒。我们会卖出成百上千万台，就是这样。

晚上刚过8点，我给生意合伙人打电话，开始滔滔不绝。在听了我两分钟持续不断的咆哮后，鲍勃打断我说："你过来吧。"我到了之后，他倒了几大杯苏格兰威士忌，然后我们聊了起来，一直在他的起居室聊到半夜。我们需要改变，需要打造出属于我们的会飞的车——人们用少于20万美元的投资就可以进入的一门生意，卖的产品是人人想买的，而这

门生意的经营难度又比餐饮行业的平均水平要低。

很简单：在这一顿悟之前，我们咖啡馆的开店成本是每家32万～35万美元。但这个顿悟并非从天而降，我的合伙人已经有几个月都在考虑投资成本过高的问题了。一次和弗雷德·德卢卡——也就是赛百味的创始人的谈话成了这一改变的催化剂。接下来的故事是我的记忆，故事的精髓非常准确，但是具体的话可能有出入，因为这已经是好多年前的事了。

那一天，弗雷德、鲍勃和我坐在一起，弗雷德空洞地看着我们说："迈克尔，你作为一个连锁经营经理的职责是什么？"

当然，我说了一遍自己关于这一角色的传统职责。弗雷德在倾听我说话的时候嘴角露出一丝微笑。

他了解我们即将开启的旅程，回答道："当然，你必须做这些事，但是你的主要职责是管理加盟者的资本。"他说我们的投资门槛太高了，这一点让正向现金流的阈值高到让企业处于风险之中的程度。

然后他解释了渐进主义这一概念。连锁经营类似于寡头垄断。许多人都具有很大的影响力。像我们这样的所有者，有着（并且应该有着）对这个概念主导的影响力，并且知道该怎么

运用。问题是每天有上千个好主意，而有些好主意只需花费几美元来实施。这些钱累积得很快，接下来我们要以35万美元的价格开设咖啡馆，但是鉴于4美元一杯咖啡的价格，这一投资额对现金流来说是一个很大的障碍。①

弗雷德要求我们作为领导，做出这一艰难的决定，而且通过此举让我们的加盟概念成为加盟者资金的安全高效之所。简单来说，我们的产品，也就是零售咖啡馆，没有好到让市场能完全接受，而且我们的增长正在减缓。如果你现在所做的是相当于那辆25000美元的会飞的车，谁还会关心经济大环境呢？如果人们花20万美元的投资就能进入一个高利润的行业，那么市场是会支持这门生意的。

我们是怎么做的呢？我们重新组建了团队，并重新规划了部门成员的工作职责。我请了一个承包商，这个承包商又和我一同请了一个与他相识多年并且关系良好的建筑师。他们是专业人士，我们约定的任务是用低于20万美元开出全世界效益最

---

① 这包含所有开业前的费用，包括标识、培训费用、开业后持续经营的营运资金、支付给我公司的初始加盟费等。有关投资本公司加盟特许经营的确切信息，请参阅本公司网站的特许经营披露文件。

高的咖啡馆。我们在一张白纸上从零开始设计，把所有业务中非核心的部分去掉，唯一要注意的，就是这些与此前不同的地方不能让顾客察觉到。

首先，我们的柜台不再使用硬质面板和不锈钢。我们取消了带有弧形玻璃的即取即用冰箱，就像你在面包店里看到的那种冰箱。

我们不再特意建办公室，而是在后面库房的角落里放一张桌子办公。我们也取消了沙发软座，同时将后面房间还有洗手间的瓷砖改成了乙烯基制品。我们有了更好的处理方式，对于开店的需求也有了更好的理解，这样我们的经营者就不用支付过高的费用。我们把营运资金从4万美元减少到3万美元，然后将初始加盟费减少了15000美元。最终，我们将成本降到了平均22万美元，其中还包括营运资金，如果去掉营运资金，成本就低于20万美元。我们做到了。

我们的核心产品是连锁经营店。在2009年，我需要人们来投资发展中的咖啡馆。我们设定的投资额过高，正向现金流仿佛不断提高的跨栏。我们发现了这一点并做出了改变，在一年内，我们开出了成本低于22万美元的咖啡馆。5年后，我们有如此多的店，以至于要暂停开设新的连锁经营店。我们做到了，

因为我们没有接受现状。我们需要做一些不同的事，而且要做得更好。我们弄清了这件事是什么并且付诸行动，而这一改变推动了我们向前行。

在创业阶段，你必须快速弄清属于你的那辆"会飞的车"是什么。这一点至关重要，因为我见过许多人在创业阶段画地为牢，只坚持自己的核心产品而错失了顾客给他们提供的新的机会。通常，在一家成功的企业中，创始人在创业过程中会花一些时间做出一些艰难的决定，这些决定改变了产品的发展方向并刺激了收入增长。对于弗雷德·德卢卡来说，就是他要的特许概念，这在当时是个新事物；对于麦当劳的雷·克罗克来说，就是控制他所有商店的房地产，这使他对该品牌拥有控制权；对小凯撒（Little Caesars）的迈克·伊利奇（Mike Ilitch）来说，是不送外卖；对于泰德·特纳（Ted Turner）来说，是CNN的24小时新闻；对于马克·扎克伯格（Mark Zuckerberg）来说，图片共享已成为脸书（Facebook）的核心功能。你必须了解消费者希望从你那里得到什么，然后比其他人做得更好。

你以为在开业前就能想好这一点，但事情很少会这么简单。通常，你需要将产品放到客户手中，让他们把玩、触碰、

闻到你的产品（在我的例子里就是经营它），并且发现其中的优点与缺点。

你的业务是否明确展示了核心产品的目的？一旦做到这一点，你将为此目的而发出召集令。根据我的经验，它会跳出来并向你尖叫。召集令至关重要，因为这将决定客户如何定义你的业务，以及你可以为他们做什么。你必须首先确定你的核心产品。如果你试图为所有人做所有事，那么对每个人来说你都一事无成。你的使命是在核心产品方面做到最好，其他一切都是辅助的。

卖人们要买的东西

好消息是，不需要天文计算机你就可以弄清自己的核心产品是什么。答案很简单，就是人们要买的东西。

在开第一家咖啡馆时，我们在菜单最重要的位置——就是人们最为关注的菜单左上角，这里写着的往往是重点产品——所有的标准传统咖啡饮料，比如拿铁、意式浓缩、卡布奇诺、美式、玛奇朵、康宝蓝之类，然后在旁边的单独一

栏写上我们所有的特调咖啡饮品。不久之后我们发现大家买得最多的是特调咖啡饮品，从销售点餐系统中获得的数据可分为四类：传统咖啡、加糖加奶咖啡（特调咖啡）、食品和商品。数据很快就显示出，加糖加奶咖啡的销量是传统咖啡的三倍。因此，我们将菜单的这两栏调换了一下。左侧栏写满了我们称之为"甜炸弹拿铁"的咖啡——焦糖、焦糖和榛子、巧克力和棉花糖、白巧克力和黑巧克力，旁边一栏是传统咖啡。

请记住，那是在20世纪90年代。高端饮料爱好者和咖啡馆的数量才刚刚开始增长，主打甜味咖啡饮品并不是一个传统的决定。他们认为在拿铁中加入两盎司的焦糖是违反了享乐主义的礼仪，就好像我们把融化的奶酪倒在龙虾尾巴上一样。我们的竞争对手是传统主义者，他们坚持黑咖啡的意识形态，是以牺牲收入和利润为代价的。如果我们的定位是传统意式咖啡馆，那么就不会做出这样的转变，还是会继续推销传统咖啡。我们必须将自己的定位转变成类似于成年人的冰激凌店，去销售"甜炸弹拿铁"。我们开始卖黏糊糊的，盖着奶油的饮料，所以20年后的今天，我们可以作为全美最成功的咖啡零售品牌之一，来讲述这个故事。当我和别人谈论起为什么他们的生

意不景气时，很少有人说："我就是没弄清应该卖什么，以及如何去卖。"相反，我总是听人们说着那些不可控的外在因素——都是借口。

当你拥有一家初创企业时，如果你不能获得收入和现金流，只能怪自己。如果你不够精明，不弄清消费者想从你这里买什么——也就是核心产品——并且开始大量销售，那么你就会失败。不是生意的失败，而是你的失败！不是经济环境的错，也不是天气或者竞争对手的错，是你的错。你必须研究并深刻理解你的产品，并且明白为什么顾客想买，然后就是卖出产品。脸书的马克·扎克伯格就是了解自己的业务，并且知道人们为什么购买产品的一个很好例子。他注意到脸书的使用者会定期更换个人资料照片。还记得吗？在脸书创立初期，客户更改个人资料照片并不容易。扎克伯格很快意识到照片是用户使用该网站的重要原因：人们希望与朋友和家人分享照片中的生活。于是脸书努力使分享图片变得简单，这一举措广受欢迎，扎克伯格也认为这是他成功创业的关键举措之一。简而言之，他一直在关注客户如何使用该网站，并为用户对该网站的使用提供了便利。如果他一直只是将脸书视为查找联系人的黄页，那么他很容易就会错过图

片这一核心产品。

我一个做软件开发的朋友在大约15年前创建了一家公司，他编写代码以简化大型工厂的制造流程。当他向潜在客户推销商品时，也在了解他们想要的东西——那些让工作变得容易的东西。他反复听到顾客对于安全存储信息的需求，而顾客并没有购买多少他的软件。事实证明，他们不需要一个无关痛痒的软件来解决他们甚至都没感觉到的问题，他们需要的是数据存储。

如果不是连续数月甚至数年每天打这6个电话，他根本不可能了解这种需求。但这只是其中一部分，关键是他如何处理这些信息，即对业务做出改变。设计突破性的软件肯定要比数据存储更加光鲜，但是由于市场对数据存储有明确的需求，因此他开始做数据存储。许多人会因为坚持只销售自己心爱的产品而错失良机，就他而言，这个心爱的产品就是软件。从事咖啡行业初期的许多人都希望继续尝试销售传统的意式咖啡、卡布奇诺、玛奇朵、康宝蓝和拿铁。这是他们的业务构想。但是美国消费者还没有准备好，他们想喝的是"甜炸弹拿铁"。

时间转到15年后，我的朋友已经10年没有写出新软件了，

但他的收入却达到了七位数。在那段时间里，数据存储行业迅猛发展。可以毫不夸张地说，大多数以写代码为生的创业者都会羡慕我朋友现在所做的生意。他决定根据客户告诉他的需求改变整个方向，数据存储并不是很迷人，但是市场确实有需要。

比格比咖啡如果忽略掉顾客对于"甜炸弹拿铁"的喜爱，扎克伯格如果没有发现每天出现的海量图片，我的朋友如果错失增长的数据存储市场，结果会如何？这些案例告诉你，你必须与客户保持联系，让他们告诉你，属于你的那辆"会飞的车"是什么。

这听起来很简单，通过关注他们的行为和消费，让他们告诉你他们想要的是什么，其实这比你想象的要难。让我为你描绘一个场景。我们最初的咖啡馆里有全套的菜单，这是那个时候的典型做法。我们有汤、沙拉和三明治，食物很好，但并不出色，而且价格昂贵。我们没有很大的溢价空间，从而在价格上无法与专注于食品概念的同行竞争。更糟糕的是，他们的产品比我们的更好。为了了解行情，我们不得不放下高傲的心，人们带着其他餐馆的食物走进我们的店，坐下来喝咖啡，然后吃饭，他们甚至会把赛百味三明治或者其他竞争对手的早餐带

进店里。

我们的第一反应是，外带食品进来也太不礼貌了。"顾客怎么会觉得自己这样做没问题呢？"但在真正思考这个问题后我们意识到，这其实是在夸奖我们：顾客们非常喜欢我们的咖啡，甚至可以到其他地方买食物，然后再来我们的店里买他们最爱的咖啡。他们带进我们商店的食物更有价值，但他们再也找不到和我们店里一样美味的咖啡了。因此，我们没有禁止外带食物，而是选择接受。我们最终退出了制售食品业务，专注于自己的核心产品——咖啡。

这方法也适用于口头反馈。通常，顾客不会告诉你他们不喜欢什么，他们要么去适应，要不直接就不再光顾。当客户愿意告诉你他们对产品不满意的地方时，你就必须像珍视黄金一样珍视这些反馈，因为这其实很难听到。在创业过程中，许多业务经理忽略了反馈意见的本质，他们不会深入学习，不会认真倾听，只是试图安抚顾客并使顾客满意，但这一刻的重点是你听进并且记录了他们的评论。人们很容易被这些反馈激怒，反而错过了有用的信息。举个例子：一开始，有人告诉我们说你们的产品很棒，员工也很棒，但就是来这里消费有点贵。这意见听起来有点难接受，但他们是对的！我们一直在关注这一

点，并通过积极的奖励计划和折扣来解决这个问题。人们喜欢走进我们的店购买产品，我们就必须让他们感觉自己获得了价值。我们可以全面降低价格，但是很大一部分喜欢我们产品的人愿意全额支付，对于他们来说，这个价格物有所值。对于那些认为产品有点贵的人，我们会努力识别并为他们提供折扣。谁需要折扣，谁不需要，需要多少折扣——这种细微差别是我们业务轴心，我们了解这一点，并且每天都在努力解决。

你必须放下自负并用心关注各个方面，关注顾客的行为和他们购买的东西，更重要的是，关注他们说的话。这一点如此简单以至于听起来有点傻，但是我要告诉你，我见过很多生意人，因为太过沉浸于自负的迷雾中，而失去了理解顾客意思的能力。仔细倾听能帮助你完善并改进产品，顾客也会想从你这里买更多的产品。

但是弄清这点只是第一步。下面，你需要去执行。

只是好还不够

一旦你弄清了人们想买什么，你接下来就要把产品做到最

好。如果你不能兑现诺言，拿出最好的产品，那么新客户就不会再回来消费。你的产品必须完美，就是这样。

很少有企业能只因为处于绝佳地理位置而生意兴隆，得到一些不一般的竞争优势，成为市场的佼佼者。比如在热门度假小镇沙滩上开一家冰激凌店，那么每年肯定会有三个月顾客盈门。这种情况下产品怎样都不重要了，反正人们肯定会来找你买的。但是对我们大多数人来说，产品质量是关乎成败的。

就像第一章中提到的，创业十年后还能存活并且蓬勃发展的企业少之又少，如同在学校，只有少数的全A学生才能通过考试。在商业中，你必须与一群非常努力、聪明而且有足够雄心创业的人竞争，成为其中的优等生。更直接地说，你必须在一小群极有能力且极端渴望成功的人中脱颖而出。因为在这样的一群人中，如果你只做到良好，那你的胜算是不够的。

这听起来有些像是陈词滥调，但是有些优等生获得A+的部分原因是相信获得最高分的重要性。为什么你需要为此痴迷呢？比如，你只有一次机会来给人留下深刻的第一印象，而一个差强人意的产品是不可能做到这一点的。从企业创立开始，你时时刻刻都在给人留下第一印象。人们进入你的网站，要么

是在搜索后单击链接与你取得联系，要么是通过一些电子广告被导入网站。创业中最困难的事情是说服别人来体验你的业务，一旦他们愿意这样做，你就必须利用这一机会并提供完美的产品。完美的第一印象可以让你与该客户建立长期关系，而如果给人第一印象很平庸，机会和长期关系就会受到损害。

示例一：作为一位高尔夫球手，大半辈子以来，我的成绩一直保持在低差点①上。离婚后我又组建了新的家庭，为了和妻子一起全身心照顾两岁的小儿子，我已经五年都没有摸过球了。直到今年夏天，我才得了一些空闲，重新走进高尔夫球场。我的球技逐渐成长，对比赛也重拾信心。几周前，我正在收听美国职业高尔夫巡回赛（PGA）②的赛事广播，当时，广播内正在采访一位职业高尔夫球手，他研发了一款可以帮助球手跟踪分数的手机应用程序。你每打完一洞，就可以打开该应

---

① 高尔夫差点：是建立在球手们以往成绩基础上的代表球手高尔夫能力的一个数字，是一种将你自己与其他高尔夫球手进行比较并跟踪你进步的方法。——译者注

② 美国职业高尔夫球系列赛事，又称"美巡赛"。——译者注

用软件并点击四五个按钮，随即屏幕上就会显示每一轮结束时你击球的核心数据，且数据会随着时间不断积累。优秀的球手常常会记录、跟踪并利用数据来不断提升自己的球技。我一直认为这一过程有点烦琐，但显而易见，情况已然不同！有人解决了我的难题——这就是事实！获悉这个消息，我异常兴奋，连自己正在开车都顾不上，当即便迫不及待地下载了这款软件（我必须承认，开车时玩手机是不对的！）。到了办公室后，我便立即开始试着登录。但是——密码竟然显示有误！我尝试了三种不同的方式但都失败了。终于有一次我成功登录，我暗想，一定得酣畅淋漓地打上一回合，看看这款软件到底是如何使用的。但五分钟后，我就放弃了！都是些什么！我确实想拥有这款软件，但是首次糟糕的使用体验令我沮丧至极。我想我很可能不会再使用它了。

　　示例二：安娜堡新开了一家地下酒吧，就是门前死活都找不到招牌的那种。一走进去，你就会感觉到好像他们压根不欢迎顾客光临似的。大厅里站着一位打扮得挺时髦的嬉皮士，对人爱搭不理，找他要个位子就像是打扰了他一样。没关系，这种酒吧就这样的风格吧，可以理解。我不禁感慨这就是"腔

调"！我和妻子，还有另一对夫妇终于有座了，我们坐下后便开启了漫长的等待。终于，另一位嬉皮士走了过来，张罗着为我们点单，他倒是懂得不少。接着我们急匆匆地用完了餐，因为菜品实在是太咸，弄得我妻子频频要求给水杯添水。

但是我们等啊，等啊，等啊，最后等来的却是"调酒师"的特调饮品。妻子大声询问水怎么还没上，口干舌燥的，谁有心品味这杯波旁威士忌特调酒呢？但情况就是如此，她要的水一直没有送来。也许他们家的特调饮品真的很棒，但就因为没给我们上水，所以我们只喝了一杯就愤然离去，转场去了另一家大众风格的酒吧玩了个通宵。我们本来对这个酒吧挺感兴趣的，探店前还着实兴奋了一番。但由于酒吧管理不当，服务体验无法令人愉悦，所以这家店嘛，"黑名单"见啦。

我从事连锁经营生意，每天都有人来问连锁经营的事。很多年来，我制定了一项规定，凡是有人通过网站来询问连锁经营事宜，我希望有人在一分钟之内给他们回电话。我甚至考虑过让专人全天24小时值守网站。但是公司内的人不同意我这么做，他们用了"过犹不及"这句话，说我魔怔了。但就是要这样啊，作为一个连锁经营公司，我的产品就是咖啡馆本身，还

有让人加入我们并开店。我们要辅助所有人或经营者建立优秀的业务，如果潜在的所有人或经营者打来电话，我希望用我们排山倒海般的热情淹没他们，我同时也希望他们能感受到我们对这个询问的兴奋和激动，并希望他们第一次联系公司就能感受到充沛的支持。

记得有一次我自己30秒内给一个询问的人回了电话。他拿起电话，我介绍了自己，他笑着说："哦，你还真是快啊，我两秒钟前才按了发送键。"

我回答道："我们办公室里有很多咖啡，所以我们有一点兴奋，很高兴您能向我们咨询，那我们就开始吧：有什么可以帮到您的呢？"

我知道，我给他留下了一个深刻的第一印象。

在新业务中，你最好提供A+级别的产品。你必须聚精会神成为业界最佳。如果顾客能爱上你的产品，你的生意会飞速增长，因为顾客是不会爱上B+级别的产品的。在初创企业中，第一次参与是至关重要的。你的目标应该是你的员工，甚至你的顾客都称你为强迫症、控制狂、完美主义者。如果真是这样，我想你的思路是对的。

车不会自己飞

我一个好朋友的父亲是飞行员，主要为富人开小型私人飞机。他很会讲故事，头脑里装着很多故事。一个周五的晚上，在他最喜欢的墨西哥餐厅里，几杯玛格丽塔酒下肚，我们就聊起了航空安全问题。他问我："小迈克尔，你知道为什么会有空难吗？因为一旦出现故障，飞行员就会忘记怎么开飞机。"

驾驶飞机——或者前一章提到的驾驶汽车——是一个双重命题。有机械部件，这意味着飞机必须得到维护并正常工作。理论上，飞机起飞后会按照你预设的方向飞，然后在你想去的地方降落。一般来说，机械问题对飞行员来说是最容易解决的。你需要确保你已经有了正确的维护程序，在起飞之前，需要一个检查清单，确保每一项操作都是完美的。

驾驶飞机就好像你的业务的开发和执行。驾驶飞机或发展业务的机械部件很重要，它定义了你的核心产品以及使你业务运行的所有政策和程序，你可以制定时间表、质量控制

方法，还有所有设备的维护程序。这是业务正常运行的必要条件，也是简单的事情。我再说一遍：这是简单的事情。早上醒来，你查看清单，完成任务并为此感到很满意。

我希望你能明确一点，那就是人们在发展自己的事业时会犯错误。你必须控制飞机的飞行方向、飞行速度、高度，所有这些都是由你手中的操纵杆控制的。如果你不控制这些操作，机械也就没有存在的意义了。你作为公司业务领航者的职责就是让企业的沟通顺畅，以及运用现代工具让人们知道你的业务。作为业务的领航者你还必须调整转向，拉动正确的杠杆以及旋转正确的旋钮，以确保产品得到推广，信息得以传达。人们也会因此考虑一下你的业务，或者尝试你的产品。这就是你所期待的：他们会给你一次尝试的机会。一旦你能够完美地控制操纵杆并让他们考虑你，机制便会发挥作用。如果你不能正常运营你的业务，机械师就没有机会工作。

我发现许多人都忘记了驾驶飞机，却将大部分时间都花在担心机械上。在复杂的市场中，操作业务以引起关注并产生收入非常困难。我多次注意到，当业务无法完美运行时（也很少能完美运行），业务所有者会花大量时间在机械问

题上，而完全不会专注于让"飞机"在正确的航道上快速飞行。要驾驶飞机，即使有机械问题，飞机仍然可以飞行（起码不会马上坠毁）。但如果没有人控制操纵杆，飞机是无法正常飞行的，没有飞行员，飞机肯定会坠毁。单有机械很少能让飞机安全降落。

那么，你会怎样控制操纵杆呢？一旦确定了自己最擅长的领域，确定了核心产品并决心全速前进，那就该开始反复向众人宣告，再多次向别人介绍你的产品，在这个过程中你怎么夸你的产品都不过分。你必须抓住每一个机会向顾客表达，这需要耐心和毅力。如果你觉得自己宣传力度过猛，我可以向你保证其实还差得远。

写一句能贴在保险杠上的标语

现在，你需要做一张保险杠贴纸，骄傲地贴在你的飞车上。当你开车兜风时，你需要告诉每个人。人们没时间读三段话的业务介绍，你需要在3秒内说清你卖的到底是什么——你可以给他们带来什么价值，激起他们的兴趣，让他们想：嗯，听

起来挺有意思。然后你就抓住了他们，他们会更详细地了解你的公司，或者尝试你的产品。

我想很多人都会觉得标语是营销和广告的一部分，但我不这么认为，我觉得它也是产品的一部分。用于描述你为客户所提供价值的由3～5个词组成的标语，与组成产品的零件或者你提供的服务一样重要。将标语放在产品这一章来讲似乎有些不合乎常规，但是想办法让人们去关注产品和产品本身一样重要。比如，会飞的车标语可以是"高高在上"，这本书的标语可以是"卖出更多产品"。比格比咖啡此前用了很久的标语是"时髦啜饮"（Hip sip in a zip）。

在比格比咖啡，我们的信息是关于那些"甜炸弹"拿铁咖啡的，我们很少做与该信息无关的事。我们卖给你的是带有某种糖浆的拿铁咖啡，上面加了奶盖。多年来的出品一致，让它成了家喻户晓的主打产品。我们目前正在过渡到一个更能体现爱和知名度的新标语，其中一个关键就是要简化信息。每天早上我会查看邮箱，然后一封封删除。有时候我会停下来想想自己注意到了哪封邮件，答案永远是信息清晰明确的那些。98%的邮件需要你费点精力才能弄清它想说什么；信息错综复杂，你要花点时间才能弄明白它想卖什么。应该直奔主题，如果我

对你的产品有兴趣，我会点击浏览。但如果你在一秒内没能吸引我的注意，那你就再也没机会了，因为我已经删掉了。

打造清晰的信息与打造完美的产品一样重要。这听起来简单，但令人惊奇的是，我问过很多经营者"你的核心产品是什么？你的业务是什么？"，他们却不知道该说些什么。如果他们没有准备好的答案，那么他们就失去了我的注意力。我没有时间听五分钟的业务介绍，其他人也没有，重点是清晰度、一致性以及可持续性。

在过去的20年中，信息清晰的最好例子就是吉米·约翰（Jimmy John）的"快到恐怖"（Freaky Fast）营销活动。他们锁定这一信息，并重复传达，直到提到吉米·约翰（Jimmy John's）的人几乎都会说出"快到恐怖"。你的"快到恐怖"信息又是什么？这条信息是否能贴到保险杠上，即使你的汽车以每小时56千米的速度飞行，也能被人看到？

我最喜欢的几个其他广告标语包括"想做就做！"（Just do it）"喝牛奶了吗？"（Got milk?）"能听到我吗？"（Can you hear me now?）"我就喜欢！"（I'm lovin' it! ）"钻石恒久远"（A diamond is forever）"更快的吸水纸"（The quicker picker upper）"吮指美味"（Finger-lickin' good）。

尽管在我们的开发初期，比格比咖啡曾使用过"时髦啜饮"的标语，但后来还是弃用了，因为我们觉得这个标语与我们的定位不符。我们不是很时髦，也觉得如果说自己时髦但又和提供的产品不符不是一件好事。所以当我们将其搁置，但也没有新的替代标语时，业绩受到了影响。我们花了很多年寻找下一个标语。人们能理解重复一致的信息，他们喜欢用3秒钟来了解你能为他们做的事情，要做到简洁明了清晰，才更有意义。

当你觉得自己有清晰明确的信息并准备好尝试时，请听取你核心圈子的反馈意见。当你一遍遍删改标语，然后又捡起删掉的部分，如此反复之后，你再也无法准确地判断信息的有效性时，那就问问你信任的人有什么意见，而且要保证他们能给出批评意见。技巧是问一些直截了当的开放性问题：你对这条信息是怎么理解的？你觉得颜色/字体如何？缺少了什么？让他们说出脑海中浮现出的图像、感觉和想法，然后倾听。不要问是或否的问题，比如："你喜欢这里的橙色吗？"

必须注意，即使在度过了创业阶段，这个过程也不是一劳永逸的，你必须一直完善并聚焦信息。我们在比格比咖啡

品牌推广上花了很多钱，但是在密歇根州还是有人——很多人——不知道也不在乎我们，而且这还是20多年来我们的橙色标志遍地开花后的状况。这是我们的错，我们每周、每月、每季度都应该找出不同的方法向不了解我们的人介绍自己的品牌。我们需要让更多不同的人看到我们的标语。比如今年夏天我们可以赞助热气球，把标语挂在热气球两侧，或者明年秋天可以在烟草公司的书里投一页广告，并且在遍布密歇根州的500多个谷仓上都写上我们的标语。我们也可以赞助每个匿名戒酒会以及匿名戒酒家庭互助会，在每杯咖啡的杯身上印上我们的标语。每个人都会自满，但是在创业公司里，在你达到正向现金流之前，你必须绞尽脑汁不停想出提升品牌知名度的新奇有趣的方法。提升品牌知名度是什么意思呢？不只是增加广告的浏览量（对我来说，浏览量不算什么），而是让别人看到你的品牌，读到你的标语后想：嗯，这听起来挺有趣。

大把地撒宣传单

确定信息后，就让你的"飞行汽车"后备厢满载，开始随时随处向每个人宣传你的信息，给每个你认识的人100张传单让他们帮你发；做5000个贴纸，然后随时随处去贴。我见过贴在路牌、灯柱、信箱、窗户上的贴纸，我很喜欢这点。在新市场上推广新店时，我们的一项重大举措是进入一家超市的停车场，将传单和优惠券放在每辆车的雨刷器下。然后客户在开车前必须把我们的小册子从挡风玻璃上取下来，而且他们通常会读到我们的标语。这有侵略性吗？是的。这样有用吗？绝对的。如果你相信自己的产品，并且你的标语传达产品的价值，那么就去推广它（注意：做好被赶出停车场的准备）。

令我惊讶的是，很多业务经理羞于推广自己的业务。如果你相信自己可以为消费者带来价值，相信你的产品可以改善他们的生活，那么为什么不告诉你见到的所有人呢？如果你的产品带来的价值与25000美元的那辆会飞的车所带来的价值一样，那么人们会感谢你为他们提供的信息。如果你没有足够的

信心可以在栅栏杆上贴标签或在挡风玻璃、雨刷器上塞无数张小册子，那么你需要花点时间思考一下自己是否具备做生意的能力。记住，这是一个初创企业，你正在为自己的生命而战。之后你并不需要有这么强的攻击性，但是在创业阶段，一定要踩下油门，抓住方向盘并尽可能快地驾驶汽车向前冲。唯有如此，你才能有机会。

第四章　"千金难买"广告位

在创业过程中做广告就像是给一个运动队让步一样。你的观众会希望你去做这些（你需要广播或横幅广告，就像棒球队需要卖热狗一样），但这并不能让你在比赛中表现得更好，或者卖得更好。

所以你要做的是：关注当地市场上的一些重要的广告购买方式。你是从哪里了解像你这样的企业的信息的——本地新闻中的电视广告、社区公告中的平面广告、万能的搜索引擎上的定向广告、早上开车时的广播广告、社交媒体广告/促销活动、还是某些领域的横幅广告？如果广告位价格还可以承受，那就在那里买一个小广告吧；如果太贵了，那就去找找其他的，但

也不要考虑太多。你需要提升一下知名度，但说到底，广告始终是一场赌博。因此，不要拿你的租金作为赌注，你可以将这些精力和资本花在你的产品上。

在初创公司中，对于大部分的预算来说，传统的营销和广告支出（对比你的游击式的营销工作）是无关紧要的。在现实世界中，你根本没有足够的资源来改变现状。让我们轻松一些，选择负担得起的小广告位，放置一年，然后在11个月内不再考虑它们，回到如何推广你的业务上来。

我和我的合伙人在潜在的经营者/加盟商面前做过很多演讲，在某一次我们的标准演示介绍中，我的合作伙伴问："为你的新业务带来更多客户的第一方法是什么？"千篇一律，他得到的回答总是市场营销和广告。他很快回复："不，广告和营销只有在人们喜欢的品牌背后有产品和体验时才会起作用。首先，你必须有产品和体验，然后广告才会对你的产品进行补充，去完善潜在的不足。"

所以最重要的是，你需要专注于你的客户与你的产品。正如我们在前几章中所讨论的那样，你的目标是尽可能卖出最好的咖啡（或者无论你的产品或服务是什么），并让你的客户成为忠实的回头客。要始终以客户为先，客户至上，给他们提供

他们喜欢的产品，这样，你会获得用再多钱也买不到的最好的广告：口碑。

第一次怦然心动

还记得你第一次暗恋一个人的感觉吗？第一次你看着一个人，想着，我愿意为这个人做任何事情。当他/她在房间里的时候，那种青涩的初恋心情百分之百地占据了你的注意力，当他/她不在的时候，你百分之八十五的注意力也都是他/她。你注意着他/她的一举一动，你的心情也随之变化起伏，你关注着他/她脸上每一丝表情的变化。你的血管里涌动着疯狂的、沸腾的能量。有生以来你第一次感到自己是活着的，充满了活力。现在你明白了，为什么所有的爱情故事都有如此强大的力量，每个人都在乐此不疲地谈论。

你对客户也需要产生那种暗恋的感觉，他们应该是你的一切。你必须用心读懂他们每一个挑眉的深意，关注他们的一呼一吸、一举一动。就像你第一次见到你暗恋的人一样，你必须愿意为他们做任何事情，确保让他们注意到你，并给他们留下

深刻的印象。

不过，两者之间还是有一个很大的不同。当你还是个情窦初开的孩子，那时的暗恋结果如何其实并不重要。如果表白被拒绝了，你会重新出发，继续前进。这种情形我们都经历过，也都从中走了出来。这很难，但我们很快又能继续恋爱，继续欢笑。但是对于一家刚起步的初创企业而言，让客户爱上你，要比你的暗恋重要十倍。你的事业的未来取决于此，你的未来也取决于此。

当你让你的客户爱上了你——你的产品、你的服务、你的应用程序、你的商店——他们会向他们的朋友谈起你。他们会热情地向父母们说起你是如何周到地对待他们的。他们会邀请同事一起喝杯咖啡。他们会把口碑传播开，让更多的顾客爱上你。你必须培养好第一段关系，这样你才能开始一步一步培养其后每一段新的关系，而每一段新的关系又都会发展出新的关系。这样，你的业务就可以实现指数级的增长了！

迈出第一步，做一个英雄

然而在商业上，想要向那个特别的人"求爱"，往往比十几岁时要难得多。因为在商业中的问题是，客户肯定已经有在"约会"的对象了。你还记得曾经迷恋一个已经有男朋友或女朋友的人吗？看到他们牵着别人的手从走廊里走过，那感觉真是糟糕透了。每次看到这种场景，你都会忍不住想哭。

在商业领域，每个人都与别人手牵手。他们会在某个地方买牛奶，他们更喜欢某个汽车经销商，他们是另一个咖啡品牌的忠实爱好者，他们在共同的旅游网站预订旅行，他们购买同一个牌子的牛仔裤已经超过25年，在线上消费中他们把90%的钱都花在了三四个网站。他们喜欢（而且我敢说甚至是爱）那些在他们的日常生活经常出现的人们：街角便利店的收银员，在理发店打扫头发的老奶奶，电影院里舀爆米花的一脸青春痘的小伙子，还有杂货店里农产品区的经理。你和你新创办的公司想让他们抛开其他关系，而把宝贵的时间和金钱花在你这里？这很困难，因为人们喜欢舒适，而日常的习惯会带来舒

适。舒适是一种强大的工具，你首先必须打破它，然后把它变成你的。

当比格比咖啡在一个竞争很少或几乎没有竞争的市场上开店时，我们一般很容易发展壮大。而当我们的新店在一个竞争激烈的市场开张时，我们便很难创造收益。在有竞争的地方，那些愿意在自己家之外购买精制咖啡的人已经形成了一种习惯，而你必须说服他们打破这种习惯。为了说服他们，你必须一遍又一遍地向他们介绍产品，必须强迫他们给你一次机会，必须让他们走进你的店门，进来尝试一下。

没有什么能一招制敌的杀手锏。当然，关于如何让客户走进你的店门，或使用你的应用程序，或拨打你的免费服务电话，或点击你的链接，有无数的答案。即便如此，有一些基本的原则需要你遵守。这些在书中其他地方也提到过，但有一条基本原则有必要在这里重申：重复。首先，什么是你想要传达的简单而有力的信息？把它写下来，确保你喜欢它，并确保它是正确的，同时也要总结你的业务以及正在做的事情。写好之后，把它张贴出来，说出来，大声喊出来，写出来，或者悄悄告诉别人，在你能想到的任何地方。重复：把它张贴出来，说出来，大声喊出来，写出来，或者悄悄告诉别人，在你能想到

的任何地方。重复：把它张贴出来，说出来，大声喊出来，写出来，或者悄悄告诉别人，在你能想到的任何地方。重复、重复、重复，是非常重要的。

你还需要免费赠送你的产品，如果说这是必要成本（潜在的获客方式），那就去做吧，这样能有效地引起关注。"求爱"是一种艺术，使某人在足够长的时间内将注意力放在你这里，从而可以向他们传达信息，让他们信服你，给你一个机会，请抓住并使用这个机会。

我们曾经用巨大的垃圾袋装满可重复使用的塑料咖啡杯，然后像圣诞老人一样将它们扛在我们的肩膀上。每个杯子里有一张免费的饮料卡和一张次数卡，每12张中有9张盖了章。我们走进办公大楼，进入所有房间，然后每个房间里分发了10～15套。这样潜在的忠实客户就能够走到我们的店里来，并在第一次光临时免费获得一份他们喜欢的饮料，然后我们会在他们的卡上盖章，并告诉他们，只要再来两次就又可以获得一杯免费饮料。这项活动会让他们光顾店铺4次，我们相信，4次光顾能让我们成功俘获一位客户的心。我们有一个经营者执行了这项活动计划，他穿着橙色的斗篷，戴着最花哨、最大的白色太阳镜，宣布他就是"咖啡队长"，来这里拯救世界。人们很喜

欢这个想法，他多次被邀请到办公室，在每张桌子上放上一个杯子。

最后一点：如果我愿意在三个月内给你开一张50万美元的支票，只要我们的收入能达到某个值，你会怎么做？我猜你会被迷住。无论在什么情况下，你遇到的每一个人，与之交谈的每一个人，都有可能成为你业务的忠实客户。不管你是在杂货店排队，在高速公路的休息区遛狗，到回收中心扔牛奶罐，还是在街角的加油站加油。每一个你看到的人，每一个你有机会接触的人，都是一个你为自己的业务争取忠实客户的黄金机会。是的，大胆迈出去才能成功，害羞是行不通的。这就像约会一样：爱交际、外向的人比那些站在角落里、靠在墙边的害羞的人能获得更多约会的机会。

我的朋友大卫是一个很美妙的人，是你的孩子第一次见到他时就会爱上他的那种人。我们上大学的时候，我总是喜欢和大卫出去玩，因为他总是会带着一副纸牌，喜欢坐到全是女孩的桌旁，问她们是否喜欢魔术。每个人都喜欢魔术，接下来你知道，我们一起出去玩，我们谈论着大卫真是个奇怪的人，但我们暗中都非常感谢大卫，因为他让我们结识了8个新朋友。你是不是有可能坐到全是陌生人的桌子旁，并且主动去开始一段

对话呢？如果没有，那么你就得想办法去做到这一点，你要通过对话开始获得青睐。

他们牵起了你的手！现在该怎么办呢？跳舞啊，你这个傻瓜……当然是跳舞！

将新客户引进门仅仅是个开始，现在你必须给他们留下深刻印象。一旦他们决定给你一个机会，试一下，你就必须抓住机会说服他们，与他们建立起稳定的联系。你必须成为他们的日常习惯，这就意味着你必须做到尽善尽美，必须给他们留下深刻的印象。你必须让他们着迷，他们必须被你吸引，对你产生关注。

我有一个打冰球的哥们儿，他是轰炸机（Bombers）球队的队员，也是一名整形外科医生。在他刚开始执业时，有一次我们在一个周末参加锦标赛，中间有大量的休息时间。我问他关于他的工作问题，不是关于手术或如何固定膝盖，而是关于他在业务方面的做法。他是如何获得新业务的？我在镇上到处都能在广告牌上看到他那张漂亮的脸蛋。他们的收入中广告投入

的占比是多少？他们是如何挖掘潜在客户的？他们在手术后为客户做了些什么？他们是否有办法与病人保持长期联系？

他说，他们确实在广告上花了很多钱，但他们的生意几乎完全来自推荐转诊（这就是专业口碑的代名词）。通常，会由患者的初级保健医生推荐患者整形。这让事情变得有点复杂，因为这样他就有两个客户——他的患者和患者的初级保健医生。

我很震惊地得知，医生在术后与患者或初级保健医生的接触实际上很少，可以说没有任何接触，也没有人去关心患者的治疗过程和康复过程以及康复后的情况。对患者的仁爱之心在哪里？对患者真正的关心在哪里？我们谈了很长时间，这次长谈也给了他一个机会，让他成为一名出色的外科医生。我提供了以下建议：

首先，他需要为他的患者提供一流的服务。他需要在手术后立即对他们进行回访，以确保他们康复，并在30天左右之后再次回访，确保手术成功。然后，他需要将他们添加到邮件列表中，为他们提供有用的锻炼和康复建议——如果这些建议与患者相关的话（也就是说，他应该提供对患者而言有用的内容，而不是去烦扰他们）。他会在患者的生日那天给他们寄去

一张卡片，并在适当的时候再进行一下检查，以确保他们对手术结果感到满意。换句话说，他需要让他的病人知道他们是很重要的，并且是需要被关心和照顾的。

为什么呢？因为这样做的话，当初级保健医生向患者询问他们的手术经历时，我朋友的"客户服务"肯定会让患者对他赞不绝口。随着这种情况越来越多地发生，初级保健医生的推荐转诊将会增加，通常会专门推荐他的诊所，并加上一句，那是我的朋友。

然后，他还需要跟进与初级保健医生的关系。他要确保他们知道他对每一次的转诊推荐都非常感谢，并且他要清晰、迅速地传达他的手术咨询和手术结果，以便医生可以和病人有效地进行沟通。有了这种成功的诱导，这些医生不仅会开始推荐更多的患者，而且也会开始向其他医生称赞我的朋友，从而扩大他的客户群。

大约一年后，我和我的朋友一起坐在更衣室里，他提起了我们的讨论。他说，他把对患者的关注和医师服务都纳入了自己的业务范围中，最初遭到了他的合作伙伴的抵制。他开始这样做时，他的业务里的其他医生都说他异想天开。他的业务经理对他解释了医生个人之间直接接触是多么冒险的做法。但他

还是义无反顾地去尝试了，并带来了推荐转诊人数的猛增。他接收的新患者数量惊人的多，并且患者和推荐医生都给了他职业生涯中最精彩的赞誉及评价。

这其中极其简单的一点是，他并没有成为一名更好的外科医生。在业务上，他已经是高水平的外科医生了。但现在，他以对客户出色的关注和关怀为他的工作增添了辅助。他开始让他的客户知道，他关心、在乎他们。疯狂的是，他真的始终那么的在乎，深切地关心着他们。作为一名医生，正是这种简单的同理心让他脱颖而出。

在我的生活中，我注意到，当商人们试图与他们的客户建立联系时——如果他们非常努力地尝试——人们会注意到这一点，并对此予以赞赏。他们会想和你做生意，并支持你的努力。客户能够分辨出你是否用心，是否可有可无，当然也可以感觉到你的漫不经心。如果你只是尽力而为，那是行不通的。就像第一次心动那样，你必须极尽浪漫渲染之能，吸引客户的眼球，然后用你的关注和关心来打动他们，建立起联系。

寻求客户的支持

这种关系是双向的，是相互的。当你用令人兴奋的体验、一流的服务和高质量的产品为客户提供支持时，他们也会通过推荐来支持你。这是地球上最强大的营销引擎：由一个朋友或家人推荐给另一个朋友或家人。如果我的哥哥告诉我镇上有一家新餐馆，他很喜欢去那里吃饭，那么我就会去试一试。如果没有他的推荐，我有多大的概率会在周五晚上去那个地方吃晚餐呢？几乎为零。

但是有时候，就像在一段感情中，你得不到你所需要的。你的客户会把你做的事情当成理所当然。也许他们想把他们最喜欢的地方留给自己，只有自己知道，或者他们只是想不到要去传播消息。要想确保他们知道你需要什么，唯一的方法就是直接告诉他们。

你必须让你的客户帮你推广。是的，必须把你的自尊放到一边，必须去恳求别人帮忙推广你的生意。如果这对你来说很难启齿或者令你感到尴尬，那么你就要去克服它。如果你太害

羞、太内敛，不愿意积极地推广自己的业务，也不愿意让别人这么做，你的初创公司注定会失败。如果你想要一个成功的企业，就必须请别人帮助你去打造它。如果说有一种方法会让你永远得不到约会的机会，那就是永远不要约人出去。在业务上也是如此，你必须开口去请求，清楚地告诉他们你的意图，然后请求他们帮助你。

让我来给你举一个例子说明是怎么回事吧。有一位顾客每隔一天光顾一次我的店，已经有好几周的时间了，后来他每天都来。对此我感到非常兴奋：我知道他一定很喜欢我们的产品和业务。饮料很完美，制作起来也非常快速，而且我与他们相处已经非常默契融洽，就好像在一场比赛胜利之后与我的兄弟在更衣室里喝几瓶啤酒一样。坦率地说，我很兴奋，而且我非常确定他们也喜欢我以及我提供的体验。就在那个时候，我决定要去做一件事：我要请他们为我推广。

"弗兰克，你喜欢我，对吗？"

停顿了一下，弗兰克笑了笑，回答道："当然，迈克尔。我当然喜欢。"

我继续说："那么你也喜欢我的生意的，对吗？"

弗兰克回答："是的。"

"那么我们来做个交易吧，我喜欢我的生意。我喜欢干这一行，我真的希望我的生意能成功。我有把它变成一家伟大的公司的计划，我想做成世界上最好的咖啡连锁店。

"你愿意把我的生意介绍给你的朋友和家人吗？我保证，如果他们来的话，告诉我是弗兰克让他们来的，我会让他们享受到皇室一样的服务待遇。你知道我会做到的。你说呢？我真的无比感激。"

弗兰克说："当然，我会的。"

就是这样，故事结束了。对话到此结束，我再也不必提这件事了。我很真诚，对他坦诚相待，并没有想要虚伪庸俗地占便宜。我只是希望他能帮助我发展业务。他感觉很好，我认为他会以自己的方式，或者不管是什么他觉得合适的方式，帮我向其他人进行宣传推广。

这一切都是从第一个问题开始的：你喜欢我吗？如果你不能百分之百确定他们会肯定地回答这个问题，那么就不要开始。你必须已经建立起了这种关系，在你开口提出要求之前，必须确定他们是喜欢你和你的生意的。一旦确定了，要做的就

是去开口请求。

这个示例看起来非常侧重于零售。我认为牙医就可以直截了当地让他们的病人为他们介绍。我认为科技公司可以直接接触客户并建立关系。前几天，我的汽车销售问我是否会向我的家人和朋友推荐他。我认为无论做什么生意，都能找到如何与客户建立联系，并让客户为你推广的方法。大多数人都熟悉网络推广者评分（NPS）评级，说得简单点就是口碑，是一种计量某个客户将会向其他人推荐某个企业或服务可能性的指数。我想把它从"你会向某人介绍我们吗？"改为"如果你给我们打了九分或十分，那么请问今天你会向三到四个人推荐我们吗?"。这一改动更为进取，清楚地表明我们对发展我们的业务有着非常积极的兴趣。

我永远不会忘记，在创业早期，我有一个商业伙伴，她叫玛丽（Mary）。她非常善于积极推广我们的业务。当时，密歇根州餐厅协会在当地的小联盟棒球场举办了一场活动。他们邀请了来自州内各地不同的餐厅在广场上设立摊位。兰辛作为州首府，他们邀请所有的议员在星期五来吃午餐，逛一逛各个摊位，品尝食物和饮料。我们也被邀请去搭设一个摊位。在活动开始前几个月，我们刚刚在议会大厦对面的街道上开了一家

店。所以,议员和他们的员工是我们的潜在客户群体。

玛丽拼命地想给人留下好印象。她很快意识到客人们有一点拘谨,并没有到我们的摊位这儿来,于是她抓起一个托盘,在上面放满了饮料(一种上面加了奶油的冰拿铁),然后走到了活动的入口处。她开始分发饮料,但她并没有问客人们是否想要一杯,而是直接把饮料放到他们手里,就好像这是活动计划的一部分。做得太棒了!她抓过来我们的另一名工作人员,开始在我们的摊位和入口之间来回穿梭,端走一盘盘饮料。我当时在摊位上也尽我所能快速地制作一杯又一杯的饮料,努力让供应跟得上。

后来,当人们走过我们的摊位时,她会招呼他们:"你们的饮料喝得怎么样?想不想试一试其他的呢?不想?那好吧,没关系,这是我的名片。我们刚刚在议会大厦对面开了一家店,欢迎光顾品尝!您也可以带上您的同事、朋友一起来。我们一定会提供让您满意的服务,很高兴认识您!"

这次活动我们大获成功!

玛丽通过开口询问我们所需要的东西,使我们的生意蒸蒸日上。她的态度是:我们真的非常擅长我们所做的事情,我们做生意是为了赚钱,并且我们需要大量的客户。所以,就让我们努力工作来吸引更多的客户吧。议会大厦对面的那家店成功

了。工作人员和议员们会来我们的店里买咖啡，为处理好政务补充能量，抖擞精神。21年后的今天，我们仍然屹立在此，一如既往地提供服务。

一旦顾客爱上了你，你就得直截了当地让他们把你介绍给别人。在比格比咖啡，我们一向很擅长开发"粉丝"，但我们更擅长的是请他们帮助我们推广和发展我们的业务。这就是"我们做什么"以及"我们是谁"的核心。这也是我们成功建立特许经营理念的原因之一。我们每天都会请求其他人帮助我们建立这个品牌，搭上这列子弹头高速列车，疯狂地推销宣传！

这里还有一大秘诀。如果你想和你的客户建立牢固的关系，你必须变得弱势，并开口提出请求；如果你想让你的客户把你介绍给其他人，你也必须要求他们这样做。我看到很多人都很矜持、拘谨、害羞，而矜持、拘谨和害羞在创业的世界里是没有立足之地的。

真实性

爱的基础是信任。作为企业业主，你的信任会被辜负，坦

率地说，这会很让人受伤，但这确实是企业的一部分。20多年后的今天，每当我看到朋友、家人或忠实的顾客捧着我竞争对手的杯子时，我的内心都会很难过。我为建立公司而辛勤工作，我试图对每一个人都很好，然而我所关心在乎的某个人却毫不顾及我的心情，拿着那个有一颗该死的绿色大星星的杯子出现在我面前。这比你想象的还要伤人。

　　对于我而言，你不可能总是让你的客户保持一夫一妻制一样的忠诚，从一而终。但你可以通过诚实、积极的互动和更好的咖啡，让你和你店里的体验与众不同，脱颖而出。他们会偶尔"出轨"，来杯"焦巴克"（"Charbucks"）[①]解解馋，但他们总会回来喝你"甜甜蜜蜜"的拿铁咖啡。

　　我们都认为我们的目标应该是与客户建立一种友爱和关怀的关系，那么让我与你分享另一个秘诀吧：真实性。在今天的

---

　　① 星巴克在美国也有一个封号，那就是"Charbucks"（Char意指烧焦或木炭），中文可译为"焦巴克"，借以揶揄星巴克的咖啡烘得太焦苦。更有趣的是，此字眼的始作俑者是东岸大名鼎鼎的浅焙教父乔治·豪尔（George Howell）。他1998年远赴西雅图采访几家烘焙公司，当地知名的"艺术咖啡"（Caffe D'arte）老板契波拉（Mauro Cipolla）说了"焦巴克"的典故。——译者注

市场上，顾客已经厌倦了被欺骗。他们厌恶自己的数据在背后被人兜售，也讨厌被人暗中骗去购买劣质产品。在过去50年里，大部分商业理念都是欺骗客户或编造故事。从历史上看，很少有公司会承认自己的错误，或者因为事情本身是正确的而坚持下去（往往坚持正确的事情，在短期内看不到现金立即回流）。客户则不得不接受这种行为，因为他们没有权力也没有其他选择，所以他们无法追究企业的责任。现在，客户拥有所有的权力。从今往后，你必须言而有信，说到做到，否则顾客会毫不留情地离开你。你必须明确传达出你是谁，你的价值观是什么——不要胡说八道——然后你必须履行承诺。在这种爱的关系中，你所能控制的只有你自己的这一半，所以务必确保你是诚实、体贴、充满爱心的，否则你就会被踢到一边，遭到厌弃。

辜负客户的信任给你的业务带来的影响会立即显现。如果你撒谎，破坏了信任，或者做了任何其他龌龊的事，人们很快会知道。过去，消息随着客户自身的行动口口相传，口碑传播的速度通常很缓慢，而且影响范围相对较小，因为他们能告诉的只有自己眼前的几个人。积极或消极的体验的影响在脑海中可能停留几天的时间，最多只能影响几十个人。

今天，如果你的客户对你的业务有不好的体验，他们可以通过互联网让人们知道这一切。你会在社交媒体上，在成千上万的人面前被点名。不要让自己陷入那种境地，如果你不幸处于那样的境地，那么就要尊重、诚恳和谦逊地对待客户。通过道歉、提供解决方案，以及感谢他们坦率的反馈来解决他们的担忧，然后确保别再出现这种情况了。

他们能如此迅速地传达负面消息，的确令人感到害怕，但是也请记住，他们也可以有效地传达积极正面的消息。我个人很喜欢这个共享信息和电子网络的新世界，因为如果你经营的是一个出色的、值得信赖的企业，那么人们也会把它告诉其他人，你就会立刻从人群中脱颖而出。这种力量是相当惊人的，所以，一定要确保每个客户的体验都是积极的。

在我看来，在过去的半个世纪里，真实性是商业中最强大的变化之一。最近，我和妻子正在讨论这个话题，我九岁的女儿也问了我几个问题。我女儿最关心的是，如果顾客生气了会发生什么，如果你把事情搞砸了，又该如何收场。

几天后，我们的交流显现出了它的力量，我的妻子给我发了一条短信，上面引用了我女儿的话："我们不是最快的，也不是最便宜的，但至少你知道你可以信任我们。"她说要开一

家搬家公司，坦率地说，我认为她说的很有些道理。如果我要雇佣一家公司在全国各地搬运我的财产，我并不一定会对它是不是最快的，甚至是最便宜的感兴趣。对于搬家公司，我看中的一点就是诚实，并且有能力相信他们会保护好我的财产。最重要的是，我需要相信他们会说到做到。

其他任何生意也都是一样的。不要试图欺骗你的客户，他们太聪明了，这样做的结果总是适得其反，要给他们真正优质的产品和真实的、一流的客户体验。然后，当他们在推特上发帖带上你的标签时，他们的数百名关注者就会是你的数百个潜在新客户。

为世界注入正能量。没人想和失败者一起！

最后，信念、信心和勇气是你在商业中不常听到的词。当然，你必须要有这样的信念，相信你的事业一定会成功，你必须对自己的产品充满信心，并且你必须要有开创事业的勇气，很多很多勇气。我还要跟你说，你气场的类型和基调对你的整体成功也是至关重要的。你相信吗？

这是我从我的业务伙伴鲍勃那里学到的重要一课。多年来，我们面临过许多困难时期。我们挣扎过，我们抱怨过，我们私下里的态度并不那么令人愉快，但在外界看来，我们的生意一直都做得很好——不是因为我们在挣扎时对自己或其他任何人撒了谎，而是因为我们相信这项事业，我们知道自己一定会渡过这个难关，我们总是表现出十足的信念和信心。现在回想起来，这是我们走到今天的最重要的因素之一。即使我们濒临破产，我们也始终相信，我们的企业是有意义的，而且它一定会取得巨大的成功。

鲍勃对企业的信心是很有感染力的。假如说当他每次离开会议室时，都能让在场的每个人对我们、对我们的公司、对我们的品牌都充满信心，我就能得到一美元，那么我根本一杯咖啡也不用卖了（但实际上无论如何我还是要卖的）。而这归结起来则在于一个信念，我们公司会成功，我们一定会实现我们的目标，没有什么能阻止我们，即使在前进的道路上会遇到一些非常残酷的现实考验。我记得这些年来的一些对话，其中鲍勃因为人们的不相信而感到沮丧。人们对我们所做的事产生了怀疑，而且也表现了出来，但是他总是能够说服那些人。

如果你动摇与怀疑，那么其他人也会这样。你的态度取决

于一个人，而且只有一个人：那就是你自己。客户的态度——也就是你新的事业——将取决于你的态度。如果你有一个非常积极的态度，这个世界就会为你所做的事业投资入股，更重要的是，人们会购买你的东西。

在我帮助人们创业的职业生涯中，我曾多次见到过这种情况。当新的加盟商加入我们的系统时，他们开始都是很积极的。毕竟，这是一种全新的、令人兴奋的体验，他们期待着能经营世界上最成功的咖啡馆。然而，在整个开业的过程中，事情会变得很艰难，这时我可以开始感觉到他们平时工作时的态度。

我们在他们开业45天后会给加盟商打一个跟进电话。打这个电话，我就知道他们是否会成功。在这一点上，20多年来，200多家店，我很确定，我对他们在45天时的态度评估将会是对他们未来能否成功的一个重要预测。他们都很累了，关于这个过程他们都有很多话要说——它是多么的令人沮丧。基于经营者的预期来说，绝大多数门店的表现都不佳，他们通常都会很担心。那都是很正常的，但是，他们对于这些情况的反应才说明了问题。有些人是失败主义者，他们总会找借口，抱怨外部环境。有时，他们会把矛头直接指向我们，好像是我们欺骗了

他们，诱骗他们投资了我们的概念。

那一刻，我在感情上总是会很挣扎，同理心就像一堆砖头压在我心里。我曾试图安抚他们，让他们振作起来，我会解释说，这是正常的，情况会好转的，生意会变得越来越好。他们只需要遵循这一套体系坚持下去，这样就能扭转局面。但问题的关键在于它不是事实。

随着时间的推移，我已经调整了我的方法，尽可能真实地对待他们。现在，当我有机会在这个发展阶段接触到一个持消极态度的加盟商时，我只会简单地说明事实：我为他们担心，并且我很确定如果他们的态度是这样的话，他们将无法获得成功。他们最好想办法摆脱这种消极的情绪，否则他们的店根本开不下去。在我的一生中，我只看到过寥寥几次有消极的经营者能成为伟大的、成功的经营者的。一旦你坐上了那辆消极的公交车，你就很难下车。我解释说，除了他们自己，世界上没有人能够改变他们的态度，这将是他们在发展新业务时面临的最大挑战，但他们又是唯一可以克服这一点的人。

另一方面，我们也与许多积极的经营者在他们的新业务开张后的45天进行了谈话，而这些人正是那些我知道他们可以

成功的人。他们也很累，通常情况下，生意也没有达到他们的预期。建立一个客户群需要一段时间，正如我们前面提到的，人们经常满怀着期望开展事业，而迎来的却是失望。但是这群积极的经营者，他们会积极致力于发展自己的业务。他们不会找借口，他们会谈论所有自己为增加收入正在做的事情。他们和所有人一样也经历了举步维艰的困难时期，但他们明白，这是人生旅途的一部分。他们知道自己正处于一条陡峭的学习曲线上，并且正在积极寻求如何做得更好的方法。对于这些人，我给他们的回答通常就是继续做他们正在做的事情，这样就会成功。他们相信我，他们做了想做的事，最终，他们获得了成功。

你的信念、信心和勇气对你的组织至关重要。我很少读过有关商业的书籍倡导积极的态度，我也很少听到过有一门商科课程教授积极的精神能量相关内容。虽然听起来很像是陈词滥调，但当你拥有积极的态度时，你就会吸引积极的力量。你的积极性越高，你企业的吸引力就越大，那么你蓬勃发展与壮大的可能性也就越大，这是一个自我实现的预言。不要让任何人改变你或你的态度，保持积极的态度，就像你信誓旦旦要开创一番事业那天一样，保持你的梦想。

幸福就是给他人带来快乐

这是一个在大多数人看来被错放在了一本商业相关书籍中的论点：如果你给人们带来快乐，他们自然也会爱你。

我接触过的很多商人都厌世悲观，愤世嫉俗。他们仿佛历尽沧桑，难掩疲惫，他们的新事业已经从追求独立和财富变成了赚取一份平庸的薪水。我希望我能够让他们回到过去，回到他们创业之前的日子，让他们看到曾经的自己。他们曾满怀希望，他们曾想要征服世界，他们曾想要将他们所做的事情做到极致，做到最好。今天，他们被打败了，他们憎恶这个世界，他们觉得这个世界也憎恶他们。

我小时候认识一个人，他启发了我，成了我的导师。他是一个飞行员，也是一个"牛仔"型企业家（旧时的商业相关书籍中的一种企业家：咬着指甲，无怨无悔累死累活地拼命工作，毫不在乎人们对他的看法，自负独断，野心勃勃），我身体里的每根骨头都渴望着长大后要成为像他一样的人。他很坚强，不在乎别人怎么想，而且非常成功。我回想起有一次他建

议我的一个朋友找一份大公司的工程师之类的工作，踏踏实实为退休存钱。他建议说，想要成为一名企业家太难了，因为要赚钱的各种约束太多，有各种条条框框的法规制度，就算你真能想出赚钱的方法，不管怎样，所有的钱都也都要缴税。你知道过去的"富人综合征"，今天的情况不同了，太难了。如果让他们重来一遍，他们可能不会这么做。获得客户变得如此困难，以至于他们几乎不可能再继续经营下去。在过去，人们可以诚实地赚到每一元钱，而现在，他不确定了。

我只记得我摇了摇头。他是关于美国梦和企业家精神故事书里的主角，而现在，他开着法拉利去机场驾驶私人飞机，却在抱怨赚不到钱？为什么如此成功的一个人会如此身心俱疲？

在我看来，当你忘记了创业的艰辛这一事实时，你就会感到疲惫。如果创业很容易成功，那么人人都会去做。当我对我的生意或与我的生意相关的人感到沮丧时，我必须常常提醒自己，是的，我所做的事情是很困难的，但我也为此得到了很好的回报，所获得的自由和利益也是其他事情无法比拟的。

最近，我和两个在过去12个月内卖掉了生意的男人共度了一个下午。两人都做得不错，一个赚了八位数，一个达到了九

位数。这些家伙都不必再工作了。

我问其中一个人："现在你已经远离日常的工作几个月了，对你来说最惊讶的事情是什么呢？"

他的回答是无价的："过去我完全否认自己承受了多大的压力。我觉得我处理得很好，但直到它都消失了，我才知道它有多沉重。"

你会感到精疲力竭、压力重重、囊中羞涩，尤其是刚开始的时候。但是请不要忽视这个事实：你和你的企业是不可思议的。你正在做一个很棒的产品或提供一项重要的服务（因为这才是重点，记得吗？），你可以用美味的咖啡、完美的算法，或是最新、最健康的除臭剂让人们感到愉悦。你的企业是这个世界上一股强大的力量，它有为他人带来快乐的潜力——不仅是为你的客户，也是为你所有的员工，还有你们每天接触的人。

我很喜欢布兰达·尤兰（Brenda Ueland）的《如果你想写》一书，这本书绝对不是一本关于商业的书。盖伊·川崎（Guy Kawasaki）——一位企业家精神领域的著名的思想家、作家和演说家——他向我推荐了这本书。当然，它肯定是非常有启发性的。以下是我从这本书中获得的关于创造力和如何处

理大型项目的一些非常有力的见解。对于创业来说，它们也极其适用。这些是我在书页空白处写下的一些文字，是我在阅读这本书时所想到的：

你必须愿意取悦别人——给人留下深刻的印象，希望他们喜欢你和你的企业。如果不是这样的话，那又有什么意义呢？

想象一下，如果我们每个人都是以让他人愉悦开心为目标开展事业，我们每一天醒来，都是以给彼此留下深刻的印象、让彼此开心为目标努力工作，那么，世界将会变得多么的美好啊，我们也都从取悦他人中获得了非凡的喜悦。那么，为什么这种情况极少发生呢？

我承认，我把书中想法带到了作者所考虑的领域之外，但我认为这些想法是非常适用的，它们启发了我在谈论我们和客户之间的关系时考虑使用"爱"这个词。我认为伟大的创业企业会激发我们和客户之间的爱。建立你的事业的最强有力的方法之一就是确保你专注于每一分每一秒所带来的快乐。当你掌握到这一点时，你初创企业的成功就将是注定的，你一定会开创一家蓬勃发展、蒸蒸日上的公司。

这又回到了让你的客户爱上你的问题上。没有人想要和一个保守无趣的人约会，他们想要和每天都能带给他们快乐和幸福的人在一起，并且他们也会回报你的善意。

关系是一辈子的承诺

你的生意不仅仅是你与客户的关系。它是关于你与任何你的业务涉及的人的关系。你必须与你的合作伙伴、供应商、银行——每个人建立牢固的联系。但最重要的是，你必须让你的客户对你爱到死心塌地。

我的父亲15年来一直去同一家餐厅吃早餐，他认识那里的女服务员。他知道她孩子的名字，甚至知道孩子在哪里上学。他记得3年前这家餐厅更换厨师时，经历了多么艰难的转变。我爸爸绝对是忠实的顾客，而且他也有充分的理由：他总是说这家餐馆棒极了，食物很美味，服务也很棒。但这只是故事的一部分。他们对我的父亲也很关心，我第一次跟他一起去的时候，在自我介绍之前，服务员就知道我的名字了。他们知道我父亲的工作以及对他来说重要的事情，他们关心他，他们已经

成为他生活的一部分。我现在也很喜欢去那里，更棒的是，我喜欢和我父亲一起去那里。

如果你在街对面开了一家新的光鲜亮丽的餐馆，菜单很现代化，有更好的停车位，更干净的卫生间，你觉得我的父亲会去尝试一下吗？根本不可能！事实上，终其一生，我的父亲也不会"开始一段新的关系"。他会担心原来那家餐馆里的人，他会担心他们的生意会受到影响，担心他所关心的人会陷入困境。

这家餐馆和我的父亲已经建立了几十年的关系。基于真正的同理心和美味的食物，你也需要像那家餐馆那样：爱你的顾客，对他们真诚相待，尽一切可能让他们光顾你的店，然后通过建立信任和情感把他们留住。提供你最好的咖啡给他们（你的核心产品），当他们的同事、朋友和孩子都开始来到你的店里时，你就会知道，你做对了。

我记得这些年来我们与一些忠实客户的家人的谈话。他们会说到他们的母亲、兄弟、阿姨或最好的朋友对我们的咖啡有多着迷，所以他们必须要来尝试一下。这永远是我所能得到的最好的赞美。毫无疑问，我们会加倍努力，为这些家庭成员提供美好难忘的体验。通常，我会在他们第一次来的时候请

他们喝咖啡，告诉他们我爱他们的母亲、兄弟、阿姨或最好的朋友。他们离开的时候，我和我的生意肯定给他们留下了好印象。

很容易理解，为什么在生意上任何人都希望与客户保持终身的关系。我永远不会忘记我与一位顾客的谈话，我问她是如何知道我们的品牌的，她说她的哥哥是UPS（快递公司）开货车的，有一天他在非常热烈地谈论他每天都去送货的比格比咖啡本部办公室（公司）是多么的神奇和有趣，于是她决定去尝试一下当地的比格比咖啡店。从那以后，她就一直是我们的忠实客户。这位UPS的司机来我们店里的时候，我们对他非常尊重与关照，反过来，他成了我们业务的推广宣传者。我不知道这家伙到底有没有从我们这里买过一杯拿铁，但他妹妹买过很多。对于许多企业而言，UPS的司机只是UPS的司机，但在我们的世界里，他成了一个推广宣传者。他爱我们，我们也爱他。这是我们与每个人相处的方式。

供应商也可以成为强有力的业务推动者。他们不仅可以帮助推广你的业务，而且当你有了一段良好的长期关系，一段终身的关系时，你的供应商会在一切机会中照顾你。很多时候，当我们需要帮助的时候，供应商会给我们提供超出普

通范围的更多帮助，因为他们知道，在未来的几十年里，我们都会是他们的一个客户。也许他们会给你一大笔钱，让你慢慢来，帮你解决眼前的资金困难。也许他们愿意投资一台设备，帮助提升你的核心产品。这可是15万美元，但也是可以的。他们知道他们会收回投资，因为将来很多年里你都会是他们的客户。

多年来，我的律师无数次在桌子前俯过身来低声说："迈克尔，我现在建议你不要做我的客户，做我的兄弟吧……"每当这种情况发生时，我都会密切关注。她不会给每个人这个建议，她这样做是因为她真的关心我和我们的生意。我们已经在一起合作20年了。她是我的律师，也将永远是我的律师，这就是一辈子的关系，没有什么能比得上。

做生意就是展示并履行自己的承诺，真正关心你周围的人——所有人——并做一个好人。在我看来，当你开展业务、开创事业时，就是对所有你的员工、所有关系做出一生的承诺。如果你不是这样想的，我认为你需要对这个概念进行更深的思考。我想，刻薄而残酷的企业也可以成功，但我认为它们最终是不会长久的。这种心态在创业初期就开始了。你打算经营的是哪种公司呢？

第五章　始终如一地全身心投入

在创业过程中，不止一次有人指责我要的太多。他们说我的期待太高，而完美是不切实际的。直到有一次，我意识到完美就是我唯一的期待，于是我爆发了。

我问道："如果在一场战斗中我们在17个地点有地面部队，上千人的性命取决于我们的执行情况，我们会放弃一半的地点吗？还是会尽力保护所有人呢？难道在这么多人性命攸关的时刻我们不必力求圆满吗？"

在这样的情况下，我的期待是合理的。而我的创业公司对我而言就像一场性命攸关的战斗。我必须赢得胜利，没有其他选择，因为这对我来说关乎企业生死，就是这样。

我不是在随随便便地做点生意，而是全力以赴，百分之百投入。如果你无法做到这种程度的投入，你就不适合参加这场战斗。多年以来，我收敛了一些这样的锋芒，但是这样的情绪并没有错。在创业初期，这是关乎企业存亡的问题，要么成功，要么企业倒闭，不存在中间道路。

我们创业初期的一个员工就是出了名的对程序马马虎虎，不是一点，而是到处偷工减料。这些小错误都不足以构成批评她，甚至解雇她的理由，但是很多小错误会累积成大错误。比如在使用收银机时，我们的流程是收银机里的纸币要朝同一个方向摆放。这个规定看起来好像吹毛求疵，但是如果不这样，下一个收银员在找零钱的时候就需要重新整理纸币，甚至因为纸币看起来不一样而出错。一次重新整理或者找错一美元看起来不严重，但是积少成多，数千个一秒钟就是几小时的浪费，数千个一美元就是成千上万美元的损失。

任何流程都是如此。比如某个负责闭店的员工着急要走，没有清理咖啡机，那么第二天上早班的员工就要清理，而在清理的时候他们就没时间准备开张。也许在他们清理咖啡机并清点前一天账目的十分钟里，有六个顾客已经推门想要进来，然后由于我们前一天的失误，他们转身走进了隔壁的咖啡馆。这

六笔流失的生意还只是当天的损失，但也许这些顾客之后都不会再来了。这样累积的损失就会让一家创业公司破产。

因此要追求完美。如果员工不得不提前走，没时间完成闭店流程，那你就得留下来完成。或者最好让他早点开始工作，这样在他必须要走的时候也可以把事情做完。每次都应该一丝不苟地完成步骤，算清每一笔钱，做好每一杯咖啡，让每一位顾客满意。完美是无法企及的目标，但是你必须要朝着这个方向努力。如果你不是一直朝着完美迈进，那么你的目标就会移动。我的经验是，这个目标会朝着不好的方向移动。完美就是完美。

我见过许多追求完美的人。这会令人筋疲力竭，而且完美意味着永不停止，永不松懈。偶尔忽略一件事无关紧要，但是其影响可不止是一时一事。注重细节，并把细节做到完美，是因为我们意识到其带来的好处。干净的咖啡机意味着上早班的员工可以直接开门迎客，而这又意味着可以多卖出六杯咖啡和吸引六位潜在的回头客。

在公司发展早期，有一家私募股权公司对我们非常感兴趣。当时我们公司增速惊人，并已经度过了启动阶段，这家私募公司的老板非常渴望能对我们进行投资。最终我们没有同意

这项交易，但是在谈判的过程中，我有机会问私募公司的一位成员，为什么他们如此投入地想达成这笔交易。

她微微一笑回答道："是因为糖浆瓶。"

在谈判初期互相了解的阶段，我们曾在培训中心——其实是在我们办公室里的一个供练习用的咖啡厅——举行过一场会议。在谈话中，投资人看到我们的一位员工遵循着培训中心教授的傍晚闭店流程，有条不紊地擦拭着25个糖浆泵和糖浆瓶。这里可不是我们对外经营的咖啡馆，现在也不是培训时间，但我们的员工还是遵循这个系统制定的流程：每天闭店前都要把糖浆瓶擦拭干净，所以员工就这样做了。对我们来说，这不过是应该做的事，没什么特别，我们只是尽可能完美地执行这一规定。但是对投资者来说，这就是灵光乍现，他希望能投资这样一家如此关注细节的公司。

不管我说过多少遍，我还是要再说一遍：你的关系就是你的生意。你必须不断与顾客、员工以及社区建立信任。追求完美就能建立这样的信任，因为这是在向顾客展示，你每次都能符合他们的期待，也是在向员工展示，你能做到你对他们的要求，同时让这些要求更加清晰。即使你感觉不好，也可以追求完美并不断提高，每天为企业的生存而战。

一致的完美

作为第二家店的总经理，我每天早上会去开店门。这家店位于兰辛市中心的一栋大楼内，我希望避免让别人看到我们咖啡馆像所有店铺关闭时一样死气沉沉的样子。我要每天早上都成为顾客眼中代表能量与生命力的灯塔。因为担心顾客手表或车里时间会快几分钟，为了保证在他们到来前开门，我决定提前十分钟就把"营业"的牌子点亮。第一年，我会站在开关旁，看着手表等待点亮霓虹灯的那一刻。其他准备开门的店员也知道要在这之前料理好一切，我们会在每天同一个时间精确到秒准时开门。这传达了一个明确的信息：我们会完美地执行。

完美可以为你建立基准线。如果你完美地执行，那么每个人——从你的团队到顾客——都会有明确的期待。一旦团队能够完美地执行，你就可以开始调整流程和规定，而这样的调整也会对业务产生影响。比如你每天早上提前五分钟开门，但发现每次都有三四个人在那里等着开门，那你就可以决定提前

十分钟开门，甚至更大胆地修改营业时间，提前半小时开门营业。

但是，一致性是关键。如果第一天你提前五分钟开门，第二天延后一分钟，诸如此类，你甚至都没有机会知道，顾客是不是需要你更早开门。更糟糕的是，如果某天你按时开门，让早来十分钟的顾客感到失望，第二天他们就不会提前来了，或者干脆就到其他地方去消费了。你的客户需要信任你，而你的员工需要知道对你有什么期望，以及你对他们有什么期望，必须做到一致的完美。

就我的经验来说，当你期待别人做好，要求完美时，人们会满足你的期待并且表现出色。人们想要成功，想要把事情做好，他们只有知道自己做什么时才能做好。如果你期待伟大，你将获得伟大；如果你期待平庸，获得的也将是平庸。

但是请记住，你是榜样。在创业阶段，如果你放过一个细节，你向整个团队传达的信息就是："完美并不重要。"如果看到你随随便便，他们也就没有了追求完美的动力。

我接触到的企业主大多对于自己团队都是不抱太大期望的。我觉得这样的想法愚蠢而落后，你的员工会努力达到你设定的期待值，如果你预设他们没法干好工作，那么他们就不会

把工作做好，如果你期待他们做得更好，他们就会给你带来惊喜。

可靠在于每一次

我的合伙人是一个有强迫症的人，这也是我喜欢和他一起工作的一个原因。他总是力求完美，同时期待周围人也能做到。我把这当作挑战，当我们刚开始共事时，我告诉自己，我不能在他面前搞砸。直到20年后的今天，我们还是保持这样一个状态。比如我们要在酒店的大厅里见面，然后一起去吃晚饭，十有八九我们都是在约定的那一分钟同时到达，很少出现我们约定之外的情况。这种状态让人很舒心——你可以放心地期待，应该把这份放心带给每一个和你共事的人。

当你始终如一时，你的顾客和员工也知道你是他们可以依靠的人，你会兑现自己的承诺。这是一个基本原则，对你的成功也至关重要。既然你已经告诉他们你将会怎样，会给他们带来什么，现在就是你一丝不苟兑现承诺的时候了——没有例外。在创业公司中，这是你的责任，就是这样。

作为一名员工，你必须对一个人可靠：你的老板。你只需要通过一个事情来确定和评价你的可信度：老板对你的看法。

作为企业的负责人，可靠程度的评价标准就很多了。对于客户来说，你要稳定一致地提供好的产品与服务；对于团队来说，他们选择和你共事是把自己的职业生涯和未来寄托在你身上；此外还有供应商和其他利益相关者。也别忘了还有作为一个整体的当地社区，这是我们都赖以生存的系统。

你准备好对每个主体负责了吗？如果你没有做好准备，或是认为可以逃避自己的责任，推脱给他人，那么很快你就会意识到每个主体对你创业的巨大影响。

我知道这听起来很难，似乎负担沉重。思考这个问题也许会让人觉得喘不过气，但我提出这点的原因是：为了确保你明白创业不会给你带来更多自由，它会让你承担比现在更多的压力。所以我想要戳破这个不切实际的想法，如果你开始你的创业是因为厌倦了在一个企业内长时间工作，并承担责任，想要更加灵活自由……这都是可能的。但在成功之前，你的公司需要穿越无数的艰难险阻，我认为创业后这段时间至少会持续7~10年，大多数人会低估这段时间的漫长。

为这场赛跑做好准备至关重要，这不是龟兔赛跑这么简

单。兔子在短时间内会比乌龟跑得快，还要时不时击败沿途的大猫大狗。但是它无法保持速度，关键还要知道何时冲刺，何时奔跑，何时慢跑，何时走路。

在我十几岁还是一个年轻的冰球运动员时，教练曾把我拉到一边，对我说："迈克尔，你的力量很强，也一直用尽全力，但是这反而妨碍了你成为一个更好的冰球运动员。你一直以最高速度滑行，但这样对方的防守队员就能预估你的速度。你需要变速，最重要的不是用尽全力，而是滑行、放松、静观其变。

这一建议让我冰球打得更好，也适用于商业。在商业中，有时你也需要静观其变，放松，深呼吸。这样当下一个冲刺机会到来的时候，你早就做好了抓住它的准备。

有时，不同的团体会有不同的需求。比如说，有时候一些队员可能忽然陷入超出他们解决能力之外的个人困境。假设你销售经理的小孩生病了，恰巧她的丈夫在国外出差。于是凌晨一点钟你接到销售经理的紧急电话，说她没法赶明早6点半的飞机去见顾客，而这单生意又至关重要，目前的情况是公司只有你和销售经理能向客户进行展示。情况就是这样，所以你飞快滚下床开始收拾行李，并开始准备一早就要

进行的客户展示。接下来两天，你日程表上计划好的事——包括孩子的足球比赛——都要被划掉。团队有困难时需要你帮他们处理，而客户需要你按时交付。在企业发展的初期，取消任何一个客户会议都是绝对不行的。显然这是创业过程中需要你冲刺的阶段，调整好步伐，以备必要时立即冲刺。你不可能每时每刻都在冲刺。很明显，在创业阶段，这是你需要冲刺的时刻，在其他时间锻炼自己可以让你在必要的时候做好冲刺的准备。

你必须永远是企业中最投入、最可靠的那个人。就像我前面说的，很多人创业是因为希望有更多的自由，认为没有老板就可以随心所欲。这话也对，但是硬币总有反面：如果你打算在接下来的7~10年做公司最投入、最可靠的那个人，很长时间内你都不会感受到个人自由。为什么呢？当你有老板时，老板可以决定让你放空一段时间。在一次特别紧张的活动后，老板可以让你休假几天以恢复状态。你可以放心地走开，对职位也没有影响。如果你做得好，老板会认可你的工作并建议你休息。但当你是老板时，就没有放空的时间了。你要为企业的成败负责，这会占据你的身心和时间，也没有老板能放你休息。

创业最终是为了个人自由，但这是一个漫长的比赛。这周我已经连续3天只睡3~5个小时，在凌晨2~4点起床了。为什么呢？因为我心里有事，我要对整个企业负责，有些事我必须完成，而且快到截止日期时我就容易失眠。我很早醒来是因为对企业深切的关心，更重要的是和其中的人的关系。我从业已经23年了，比格比咖啡一年的零售额将达到1.3亿美元，企业已经扎根并且发展稳定，这时候我能自由休息吗？

在创业公司，供应商是合伙人/投资人

让我们快速看一下供应商。供应商是公司成长的战略合作伙伴，在你创业阶段，供应商无数次需要介入来帮助你，以及你的顾客。如果供应商不愿意这么做，企业就会倒闭。让他们愿意这样做的唯一原因，就是他们信任你并相信从长期看你对他们有益。道理听起来很简单，但是令人吃惊的是我常常看到企业主把供应商当作对手来看待。当然，供应商不想失去一单生意，但是不争的事实是，创业公司往往很小，就销售额来说对供应商无足轻重。所以在最开始，他们只会花很少的精力

来维系你这单生意，除非他们相信你的潜力，认为你会带来机会。

我的一个好友曾是一家在纽交所上市的全国知名老牌企业的首席执行官。之后他辞职创业，成立了一家自己投资的创业公司。我记得某次和他聊天，他说到与公关公司的一次会议时笑了起来，这个故事是这样的：

当我是大公司首席执行官时，他们会铺上红毯迎接我的到来。在会议室中，对方会有创意总监、首席执行官、三四个客户代表记着笔记并准备随时响应我的所有需求。当我作为创业公司首席执行官来到他们办公室的时候，真的只有一个初级客户代表和一个实习生来接待我，公关公司的首席执行官甚至都没来打声招呼。

我要说的是，当公司规模很大时，你可以拥有海量的资源；而当你是一个初创企业时，可运用的资源往往非常少，至少在你能证明自己之前是这样。

随着你渐渐成长，尊重他们并履行承诺，你就会发现他们会愿意投资你的生意，并最终为你的发展助力。而这种关系，

是从初创阶段开始成形的。你越早展现出自己的可靠，他们就会越早投资你。

我们一直和一位关键的合作伙伴——咖啡烘焙商——保持着很好的关系。他们在初期就愿意对我们进行战略投资，我们也全力支持他们的烘焙业务，比如确保他们按时收到货款，同意他们做成本结构分析，还有努力规划我们的定价让对方更容易接受，更重要的是我们对于自身需求的坦诚透明。近年来，我们曾多次考虑过更换烘焙商，背后也有战略考量，但每次我们都开诚布公地与对方探讨为什么会有这样的考虑。每次这样的交流都给他们提供了满足我们需求的机会。看，20多年之后我们还在从他们那里买咖啡豆。他们可靠并值得信任，而且能履行自己的承诺。我们也是这样，他们珍视和我们的业务往来，并且多年来无数次以各种方式支持我们。我们也珍视这样一个陪伴我们成长的合作伙伴。

早先，我们曾有机会买入一个有6家店的零售业务。这是一笔里程碑式的交易，会让我们的生意上一个新台阶。但我们还很年轻，没有现金流，更没有资本用来投资。我们的烘焙商愿意为这项收购提供总投资额的1/6，并成为我们的第二大债主。我们把1/6的投资投入到股权中，然后我们找了一个

各占一半的合伙人，把他们的1/6投入到股权中，并进行杠杆化，而银行拿走了另一半，3/6。我们的烘焙商愿意帮助我们是因为了解我们的为人，相信我们会履行承诺。

我在前文也说到了这项交易。你还记得运营的18个月后，银行判定我们违约吗？这意味着我们没法向供应商支付欠款，因为他们是排在第二位的债主。我们没有说银行的坏话，并告诉我们的烘焙商我们无能为力，而是与银行展开了一场混战，结果弄得满身是血，因为我们根本不愿意背弃我们对烘焙商的承诺。这是可怕和痛苦的，但我们尽可能积极地支持我们的供应商。最后，我们解决了所有问题，每个人都拿到了工资。

在后来的一次会议上，我们受到了来自供应商首席执行官很高的赞誉。他称我们是正人君子。现在，这个供应商愿意为我们公司的成长和健康运营做出大量的战略投资，而这一结果是从创业初期就开始的。因为我们能履行自己的承诺，并且尊重他们，与他们进行"真正的"对话。没有他们的合作支持，就没有我们公司的今天。

你是一个演员，必须献上此生最好的演出

说服他人，让他们相信你和你的公司，是你的责任。人们支持你的时候也承担了一定的风险。如果你不能让他们相信你的潜力，你的企业将永远不会有吸引力，你的初创公司将会失败。你必须成为一个赢家，你的企业才能成为赢家。人们想要和赢家在一起，也总是和赢家在一起。当你在创业的时候，是你最有活力的时候，你要抓住机会。所以不要放弃任何能宣传自己的机会，如何在你的组织内创造这种氛围就取决于你自己，如果你不在该表现自己的时候表现自己，人们认为你被打败了，那么你就被打败了。一旦发生这种情况，你就应该认输，因为一切已经结束了。

这比大多数人想象的要艰难得多。在创业过程中，你会一次次被打趴在地。除非你中了彩票或者有幸做了一门万里挑一、从一开始就能带来持续现金流的生意，不然在创业初期几个月，甚至几年时间，没有现金流，就是没有现金流。初创企业需要现金流就像医生手术过程中需要血液，否则病人就会死

去。所以医生让他们在手术过程中把几夸脱（美制一夸脱等于
0.946升）的血液放在玻璃罐里。如果打碎了一夸脱，病人存活
的机会就会减少。身体被切开，还有医生在里面捣鼓，还要担
心脆弱的血浆瓶是否会打碎。很戏剧化吗？是的，但是这是我
能找到与管理创业公司现金流最契合的比喻了，实在是太有意
思了。

在你的个人生活中，如果现金用完了，到处都有信贷可
借。在商业中，一旦你的现金流为负数，现金对你而言成了地
球上最稀缺的商品。我向你保证，直到你脱离了创业阶段，有
稳定的正向现金流前，你获取现金的能力取决于你从最亲近的
人那里获得个人借款的能力，或者通过产生收入的方式赚取利
润的能力。如果你是在硅谷研究一些开天辟地的新技术，会是
个例外。在这个世界上，人们会基于很多不同方式投资，而大
多数对投资方式的考量，其唯一标准就是：现金流。

世界上没有多少事比缺乏现金流更能让人感到压力了。你
资金紧张，要像魔术师一样让收支平衡。这非常艰难，对很多
人来说也是巨大的压力。但你不能让别人看出来，特别是你的
员工和顾客。这会是创业初期你将面临的困难之一。你必须兼
顾一切，面面俱到，即使你已经没有了资金。

　　举例来说：初创企业刚起步几个月，你的现金流还是负数，你每天都要担心现金。早上8点，一位关键员工要辞职，和男友搬去佛罗里达州居住。你对这个员工充满信心，正想把她升为经理，准备把一些重任交给她。她热爱这份工作，也喜欢与你共事。但是她决定去追梦，而她的梦就是住在海边。正当你们热泪盈眶告别时，另一个员工闯进来告诉你，一个关键的机器坏了导致生产停滞（顺便说一句，在创业前，你对机械的熟练程度和长颈鹿也差不多）。现在你要带上工具箱直奔机器而去。当你终于排除险情，你妈妈又打来电话告诉你孩子嗓子疼，她不知道还要不要把最小的孩子送去学校。

　　你放下电话，看看大厅镜子里的自己，看起来狼狈不堪，额头上有一抹污渍，手指全是尘垢，头发像是被打蛋器搅过。你站在卫生间里，往脸上撒水，把手洗干净，用手指梳理头发，然后走进会议室——5分钟后一个改变你生意轨迹的客户就要来了，还会问你："怎么样啊？生意好吗？"会议室里的这个潜在客户想知道你是否还撑得住，就像你孩子出生的前6个月时人们会问的一样。他们预期你很惨，很累。他们知道你已经疲于应付。但他们不会说，只是心理预计你会失败。

　　为了公司，你不得不走进那间会议室，给出你人生中最精

彩的演出。你必须让潜在客户觉得一切进展顺利——比预期的更好（这也不是句假话，因为他们不知道你的预期是什么，也许你预期是每月亏损17000美元，结果只亏了14000美元）。你对自己的生意非常满意，并且很高兴自己离开了大公司里舒适的职位，自己单干。公司的产能都跟不上了，这也不是谎话。产能跟不上是因为机器总是坏，不是因为生意太好供不应求。你的任务是让客户离开会议室时对你和你的公司充满信心。

即便他们离开会议室时充满信心，你赢得这单生意的可能性也很低。如果他们离开时有一丝疑虑，你赢的概率就又降到零。顺便说一句，你本周已经打了4次销售电话，本月已经打了13个，而20个电话里你才能做成一单生意。会议结束了，你觉得挺顺利，和潜在客户握手告别之后，你就从口袋里掏出手机，在他们远去的脚步声中快速浏览语音信箱里的消息。

信箱里有一条语音是客户对产品包装大发雷霆；一条来自银行人员的信息说有两张支票的金额超过你账户的最低额度了；另一条来自重要的供应商，说有一箱重要的原材料超过了付款期限，他需要先收到付款再交货。

你走进休息室给供应商回电话，告诉他你随时有一笔大的款项入账，下周一就能付清逾期的货款。你散发着活力和热

情。你花了几分钟谈论你刚接到的销售电话："这对公司来说将是真正的扭转局势的机遇。"在过去的6个月里，你一直和他沟通得很愉快。你和他同甘共苦，与他分享了自己的高峰和低谷，他感觉就像是你的创业伙伴。他知道，当你生意兴隆之时，他也将会因这个账户兴旺发达。你已经履行了你的其他承诺，他没有理由不相信你会在周一汇款。他冒了一次险，还是把材料发送了过去，尽管这样做违反了他公司的政策。当然，你要感谢他，并告诉他这对你有多好，你有多么期待在未来的许多年中都与他做生意。他放下电话时对你的生意感觉很好，对你感觉也更好了。他正在为创业企业的成功做出贡献，他就是你的伙伴。

你走进休息室，一些员工在闲聊，谈论一群鸭子早上穿过车库从后门走进大楼。他们心情愉快地聊着那个怒气冲冲、开着叉车的怪人不得不按喇叭驱赶鸭子，甚至还笑了一下，觉得这个想法很风趣。你走进来说到这个销售电话多么令人振奋，因为这能改变公司的命运。这是第二次会面，你觉得比第一次进展得更顺利。你去查看早上坏过的机器，居然运行良好，所以你和操作机器的人击掌庆祝。你的员工们斗志昂扬。他们知道目前有困难，但是相信你和你做的事情。他们在和UPS送货

员谈论时，周五晚上和朋友吃饭聊天时，与孩子们一起时，还有最重要的，他们之间交谈时，对你都赞誉有加。他们信心十足，因为你也是这样。但同时，你还记得孩子在家正生病，就打了个电话问问情况。这样的事一件接一件，没有尽头，你只需要埋头继续前行。你是个演员，必须要决定当下如何表现才最得体，并且融入这个角色。如果你带着手上的污垢进入会议室，和顾客谈论坏掉的机器，离开会议室走进休息室时就抱怨为什么供应商不发货，你在电话里和供应商聊这个月所有没做成的生意，那人们就会对你的公司失去信心。你必须给他们注入正能量，让他们信心十足，方法就是成为一个好演员。你必须能在任何情况下随时打开开关，知道当下应该用什么基调，必须让人们看完你的表演，让他们对你公司的成功毫不怀疑。

这比许多人想象中还要难做到，因为你内心正备受煎熬。你必须是一个了不起的演员，才能当自己的头放在鳄鱼嘴里时还能装作一切都非常好。我还记得创业初期的夜晚或周末一个人在公司加班的轻松感。这种轻松感是因为我可以只工作而不必演戏。没人会观察我的肢体语言，听我讲话，我也不需要在经营生意时还要兼职演戏。在你和所有人相处一天后，幕布缓

缓落下，你走进更衣室，坐下来看着镜子，知道自己刚刚献上了一场精彩的演出。

疯狂的······

在公司发展的很多时刻，你可以选择更容易的路线，让你的船全速前进。记住，创业是一场比赛。从你开始的那天起，你就处于一场争取现金流的比赛中。这艘比赛的船就像一个底部有洞的桶一样不停漏水，你就是这艘船的舵手。速度达到每小时三四十海里的狂风呼啸着，滔天巨浪比一月份沃尔玛停车场里的雪还高（当然是在密歇根）。你看见不远处的海上龙卷风，但不确定是否会击中你······然后你决定在航线上继续前进。你引擎全开，越过一阵阵巨浪，打开天气预报。甲板上每个人都系着绳子，因为颠簸得几乎无法行走。能见度为零，而且寒冷彻骨，你的大副走来忧心忡忡地看着你，觉得你用力过猛。你直视他的眼睛惊呼："太棒了，不是吗！这是我做过最酷的事。兄弟抓紧了，另一波马上要来了。"这时候，一个巨兽般的大浪迎面袭来。这是生死存亡的关键时刻，你是认真

的，而且你喜欢这个时刻。这场比赛是你做过最棒的事，是你一直想要的。

现实点来说，你也不是每天都要像在手术室里抛血浆瓶，或者在季风中全速驾驶船只那样。但有时会，而且你在这种时刻的反应将决定创业公司的命运。当你直视大副说"太棒了，不是吗！"，而且真是这么觉得，你就奠定了基调。每个与公司有关的人都会注意到，并且知道你会为公司的成功拼尽全力。企业中的每个人都将依赖你和你的承诺，他们也将支持你并且也为你的成功而奋斗。

我再用一个不恰当，或者让一些妈妈不开心的比喻来说明：你的公司就如同一个新生儿。婴儿会依赖妈妈，当然别人可以时不时帮点忙，但是大多数时间婴儿还是想和妈妈在一起。公司在这种情况下就像那个婴儿，创业者就是妈妈。婴儿会耗费你巨大的精力，而且他们并不关心妈妈今天是否过得不顺或者被其他两个孩子累得筋疲力竭。

在写下这些话时，我家就正好有一个新生儿。有时候我都不知道妻子是怎么做到的。我知道她一定疲于奔命，但是一旦婴儿需要什么，她就会充满爱地走向他并且提供他需要的一切。有时候甚至当我要帮忙时她会说："不用，我能搞定，而

且我也想做。"她疲惫不堪，靠着意念支撑，但是我知道如果我问她，她肯定会告诉我照顾婴儿是多么美妙而且荣幸。她知道今天的付出将会在孩子未来的道路上得到回报，投入金钱、时间和精力都是值得的。

照顾婴儿和运营企业在情感方面的感受不同，但是能量和精力是相似的。婴儿和企业主要的不同是婴儿会哭，这个内置的机制能让你知道他们有需要。作为父母，你也有照顾婴儿的天性。但你的公司不会哭，而且你不会出于本能去满足公司的需求，除非你有对成功的本能需求。我知道的很多成功企业主有这种对于成功的本能需求，而且这种需求如此强烈，以至于他们为了企业的成功可以翻越任何高山，写出任何程序，修理任何一台设备，或者与任何一只鳄鱼搏斗。

当有人问我是如何让企业发展到今天的，我就会提到我们第一家店的联合创始人之一，玛丽·罗斯泽尔（Mary Roszel）的故事和她对成功痴狂的投入。我一直确信，如果我们决定让她从兰辛走到查塔努加以促进企业的发展与成功，她就会直奔衣橱，换上适合走路的鞋子，然后毫不犹豫地走到田纳西。她对公司如此投入，令人敬佩，公司里每个人都知道这一点，并且这种投入是具有感染力的。

我希望有一种血清，可以注入创业者体内，让他们痴狂地投入，让他们能在混乱的困境中茁壮成长，给他们无穷的力量从而在每天醒来后都能超常表现，但是现实中并没有这样的神奇血清。我希望有一本指南能够告诉你创业的前12个月到18个月应该怎么做。但是现实是残酷的，也没有这样一本书能告诉你即将面对的所有困境。我希望有这样一个人际网络可以支持创业的人撑过企业发展的初级阶段。但是现实依然是没有。

很多旨在帮助创业阶段领导者的，关于"企业家精神"的书最后往往令人误入歧途。这些书专注于创业知识，告诉你怎么写商业计划，在法律文件中需要包含什么（别忘了创业失败时的退出策略），一个有效的营销计划应该包含哪些部分，还有我个人最喜欢的，怎样准备资料向投资者展示以募集资金。

这些是知识，是方法，是基本要素。这些是创业最初期要关注的东西。做好了这些，只能代表你拥有了指导手册和地图，而决定你是否能成为一个好司机的是你向这辆车里加什么油。

唯一重要的事，也是我希望你在创业前能思考的唯一尺

度，是你能多么疯狂地投入。你愿意带上牙套然后全力奔跑冲刺，直到呕吐物从鼻子里冒出来吗？你愿意穿上适合走路的鞋然后走到查塔努加吗？你愿意用唯一的一把剪刀去修剪草坪吗？你愿意在布满鳄鱼的河里逆流而上吗？你愿意驾驶船只全力穿过暴风吗？你愿意为了成功做一切吗？我是说一切。如果你能看着镜子肯定地对自己说"是的！"，那么你就有奋力一搏的机会。

致　谢

首先，同时也是最重要的，我要感谢我的父母，吉姆·麦克福尔（Jim McFall）和乔安·麦克福尔（JoAnn McFall），为我日后的发展提供了如此坚实的平台。回首过去，你们精心地为我规划人生的基础，对此我永远心怀感激。

其次，我的妻子伊丽莎白是我不断成长、突破自我的灵感源泉。她鞭策我每天成为更好的自己，她是我的灯塔，她引领我走向更好、更强、更有意义的地方。我为她献上所有的爱。

第三，我要向我的孩子们，李（Lee）、克拉瓦（Klava）和奥斯卡（Oscar）说，他们是我的动力，他们面前无限的机会也让我感到兴奋。如果我们都能感受到自己面临的广阔机遇，

那么世界就有无限的趣味。我已经迫不及待想要支持他们探索人生之旅，看到他们将会经历怎样的人生奇景。

第四，我要感谢我的兄弟帕特（Pat）和柯特（Curt）。他们是我生命中始终如一的积极力量，倾听我的诉说，给予我鼓励，并时时让我不要脱离正轨。

第五，我要感谢轰炸机队的队员们：鲍勃·奥尔森（Bob Olson）、瑞克·斯莱特（Rick Slaght）、鲍比·邓拉普（Bobby Dunlap）、丹尼·加格农（Danny Gagnon）、亚伦·奥斯特兰德（Aaron Ostrander）、罗比（Robby）、蒂米（Timmy）、JY、查克（Chuck）、马特（Matt）、汤米（Tommy）、伍迪（Woody）、托尼·D（Tony D.）、巴拉卡（Balaka）、KC、罗莫（Romo）、TP、布拉德（Brad）、外科医生，还有太多太多。感谢有他们陪伴左右，有这样的朋友，我想这是每个人梦寐以求的。

最后，我要感谢我的合伙人鲍勃·菲什。谢谢他忍受我的疯狂，并陪我度过漫长岁月，经历激烈拼搏的每一天，但是这一切仿佛才刚刚开始，总是让我兴奋异常。感谢有他这样人人称羡的合作伙伴。

还有其他我应该感谢却无法一一单独感谢的人。我特意将致

谢的范围严格缩小至我最亲近的人，因为但凡扩大一点范围，这篇致谢就要有20页长。生命中有许多我需要感谢的人，他们教会了我很多，与我分享，并成就了今天的我。我希望能为他们每个人写一段话，但是由于篇幅限制，我只能列举他们的名字，并给每个人写一封私人信件，说明为何要在书中向他们致谢。包括：我的祖父波彭格（Poppenger）、鲍勃·法特克（Bob Fautek）、鲍勃·沃什（Bob Washer）、赫菲尔鲍尔（Heffelbower）女士、约翰（John）和朱迪·克利夫斯（Judy Kleeves）、克利夫·金（Cleve King）、乔恩（Jon）和玛丽莲·斯坦纳（Marilynn Steiner）、马里努奇（Marinucci）先生、乔治·坎贝尔（George Campbell）、迈克·索南（Mike Soenen）、刘易斯·米勒（Lewis Miller）、约瑟夫·班古拉（Joseph Bangura）、乔·奥帕拉（Joe Opalla）、约翰尼·史密斯（Johnny Smythe）、凯文（Kevin）叔叔、杰森·伍德拉姆（Jason Woodrum）、希瑟·辛克莱（Heather Sinclair）、玛丽·罗斯泽尔（Mary Roszel）、穆罕默德·沙塔（Mohamed Shetiah）、迈克·威廉姆斯（Mike Williams）、德布·科尔臣（Deb Kirchen）、布鲁克·麦克福尔（Brooke McFall）、巴里·格林布拉特（Barry Greenblatt）、简·坎宁安（Jan Cunningham）、乔·林斯特罗斯（Joe Linstroth）、埃琳娜·埃菲莫娃（Elena Efimova）和法拉利论坛青年总裁协会。

对于工作中10年来甚至更久和我一起成长的伙伴们——托尼·D.（Tony D.）、杰里米（Jeremy）、史蒂芙（Steph）、劳拉（Laura）、布里（Brie）——感谢他们教会我的一切。对于刚刚签约加入我们团队的人，欢迎他们。我期待将与他们共同经历未来的这段旅程。

非常感谢大家。

附　录

牛仔松鼠的传说

牛仔的传说：他们不在乎别人会怎么想。他们做自己想做的。如果一件事和你不对付，那就去他的吧。

松鼠的传说：它们甚至不用试图记住自己把坚果藏在了哪里，因为它们藏在周围的坚果够多，只要想找总能找到足够的坚果养活自己。

将两者的特质结合起来，就是牛仔松鼠，这就是成功创业者的两种特质。